하이데거,
어린 왕자를 만나다

탐 철학 소설 29

하이데거, 어린 왕자를 만나다

초판 1쇄	2017년 3월 10일
초판 4쇄	2023년 10월 31일
지은이	황수아
책임 편집	김현경
마케팅	강백산, 강지연
디자인	이정화, 이미연
표지 일러스트	박근용
펴낸이	이재일
펴낸곳	토토북

주소 04034 서울시 마포구 양화로11길 18 3층 (서교동, 원오빌딩)
전화 02-332-6255 | 팩스 02-6919-2854
홈페이지 www.totobook.com | 전자우편 totobooks@hanmail.net
출판등록 2002년 5월 30일 제10-2394호
ISBN 978-89-6496-324-1 44100
ISBN 978-89-6496-136-0 44100 (세트)

● 이 책의 사용 연령은 14세 이상입니다.
● 탐은 토토북의 청소년 출판 전문 브랜드입니다.

하이데거,
어린 왕자를 만나다

황수아
지음

29

탐
철학
소설

탐

차례

온라인 커뮤니티 사이트에 올라온 유머 중에 '연애 못하는 공대생' 이야기가 있습니다. 공대생 남자 친구와 바닷가에 놀러 간 여자가 묻지요.

"파도치는 거 보면서 무슨 생각해?"

공대생은 한참을 생각하다 대답합니다.

"파동?"

하이데거가 옆에 있었다면 공대생의 말에 이렇게 대답했을 거예요. "파도를 인식론적(과학적)으로 생각하여 '존재자'에 접근할 뿐 '존재'에는 이르지 못한다"고 말입니다.

넌 존재하니?

그 사람의 존재를 어떻게 확인하지?

존재 자체로 빛난다.

우리는 일상에서 '존재'라는 말을 흔히 쓰지만, 정작 그 의미가 무엇인지 정확히 알지 못합니다. 물론 하이데거가 쓰는 존재라는 말은 다른 사람들이 사용하는 것과는 사뭇 달라요. 보통은 공대생의 경우처럼 존재를 눈앞에 보이는 사물(존재자)로 이해하는 경우가 많은데, 하이데거는 이런 식의 사고를 과학적, 이성적 사고라고 부릅니다. 그러니까 공대생이 파도를 파동이라고 생각하는 것은 과학적, 이성적 사고에서 비롯된 대답이에요.

그러나 하이데거가 봤을 때 파도의 파동은 '존재자'일 뿐 '존재'는 아닙니다. 즉 과학적, 이성적 사고를 통해서는 존재자에 대해서만 알 뿐 존재는 알 수 없지요. 하이데거는 이런 식의 과학적 사고에 반대하면서 존재에 대해 새롭게 질문합니다. 이제까지의 철학에서 존재는 한 번도 말해진 적이 없다고 생각했기 때문이에요.

"도대체 존재란 무엇인가?"

이러한 물음이 하이데거 철학의 출발점입니다. 하이데거에 의하면 존재는 이치를 따지는 논리적, 산술적 접근으로는 알려지지 않습니다. 어떤 사람의 눈에는 바위에 쉴 새 없이 부딪히는 파도의 모습이 꿈쩍도 하지 않는 연인을 향해 호소하는 자신의 모습처럼 보이기도 할 테고, 어떤 사람의 눈에는 장엄한 자연의 아름다움으로 비치기도 할 겁니다. 아마도 공대생의 여자 친구는 공대생에게 자신들의 추억과 관련된 대답을 원했을지도 모르죠. 즉 파도는 그것을 바라보는 사람과의 관계에서 의미가 드러날 뿐, 미리 정해진 내용이 없습니다. 이런 식으로 인간인 우리 자신의 세계 안에서 그때마다 의미를 드러내는 것, 그것이 바로 존재입니다. 존재는 눈앞에 출현한 대상(존재자)이 아니라는 점에서 눈에는 보이지 않지만, 존재자를 규정하고 이해하는 지평이에요.

"나는 무엇 때문에 사는가?"

"무엇을 하면서 살 것인가?"

일상에서 우리가 던지는 이러한 질문 역시 존재에 대한 질문입니다. 인간은 다른 존재와 달리 특정한 내용 없이 그냥 던져진 존재입니다. 인간은 병아리가 닭이 되는 것처럼 미리 정해진 내용이 없지요. 그래서 인간은 어떤 존재가 될지 끊임없이 질문해야 해요. 이렇게 자신의 존재 자체를 문제 삼는 삶의 태도를 '실존'이라고 합니다.

실존하는 삶의 태도는 단순히 누가 좋다고 하니까 따라 하는 것과는 달라요. 나의 존재를 망각하고 호기심, 잡담, 애매성 속에서 살아가는 삶을 하이데거는 '비본래적 삶'이라고 말합니다. 비본래적 삶이란 사회의 규범이나 가치, 유행에 비판 없이 순응하는 삶과 일맥상통합니다. 예를 들어 연예인에 열광한다거나 아무런 목적 없이 공부하는 것, 사람들이 좋다고 하는 것을 무조건 따라 하는 것이 여기에 해당할 거예요.

이런 삶은 겉으로는 화려하고 대단해 보일지라도 '나'의 삶이 아니라 '타인'의 삶이라는 점에서, 사실은 알맹이 없는 껍데기일 경우가 많아요. 그래서 비본래적으로 사는 사람은 공허한 불안을 느끼지요. 그것은 언젠가는 죽음을 맞을 인간이 자신의 삶을 살지 못하고, 즉 자신의 존재를 찾지 못하고 방황하는 데서 찾아오는 불안이에요.

반면 실존하는 삶은 본래적 삶이라고 할 수 있습니다. 단순히 유행을 좇아 사는 것이 아니라 내가 스스로 질문하고 선택하는 삶, 결과에 상관없이 내 존재를 선택하는 삶. 이것이 실존하는 삶이고 본래적, 주체적인 삶이에요.

이 책에 나오는 주인공의 엄마와 선생님은 인과율을 굳게 믿습니다. 인과율은 원인이 있으면 결과가 있다는 식의 사고이지요. 하이데거에 의하면 이러한 사고 안에서 존재는 잊힙니다. 그래서 엄마는 큰아들이 왜 연애를 하려는지, 작은아들이 왜 공부를 못하는지 전혀 이해할 수 없습니다. 앞서 말했듯이 논리적, 이성적 접근으로는 존재가 드러나지 않으니까요. 그 때문에 주인공과 주인공의 형은 자신의 존재를 잃고 방황하다가 불행해지기도 합니다. 자신의 존재를 잃은 주인공은 하이데거를 만나 어린 왕자의 행성을 여행하면서 자신의 존재를 찾고, 그때부터 실존하는 삶을 살게 됩니다.

　실제로 하이데거는 프랑스 소설가 생텍쥐페리가 쓴 《어린 왕자》의 표지에 "이 책은 금세기 가장 중요한 프랑스 책이다"라고 썼을 만큼 어린 왕자의 실존적 삶에 매료되었다고 합니다. 조금 도식적이지만 논리적, 이성적 사고를 하는 인물과 실존적 태도를 가진 인물을 비교해서 읽으면 더 쉽게 이해될 거예요.

이 책은 하이데거의 주요 저서 《존재와 시간》(1927)을 바탕으로 썼으며, 하이데거의 사상에서 핵심적인 '존재, 실존, 불안, 세계-내-존재'와 같은 개념을 함께 생각해 보는 데 주안점을 두었습니다.

하이데거는 《형이상학의 근본 개념들》(1929)에서 다음과 같이 말합니다.

"철학에 대해 아무리 광범위한 내용을 다루더라도 질문을 통해 스스로 감동할 수 없다면 어떤 것도 이해할 수 없다. 그럴 때 모든 것은 오해에 지나지 않는다."

철학적 내용을 단순히 이해하는 것이 아니라, 자신의 삶에 질문을 던져 보는 것. 저 역시 여러분에게 그런 계기가 있었으면 좋겠다는 마음으로 이 책을 썼습니다.

황수아

들어가는 글

하이데거를 만나다

— 대한민국 서울, 2017년

오늘도 1교시 종이 울린다. 곧 선생님이 들어오겠지. 선생님은 모든 것엔 인과율이 있다고 굳게 믿는 사람이다. 급훈이 인과응보라니 말 다했다. 공부를 잘하는 것은 열심히 노력한 결과이고, 공부를 못하는 것은 열심히 안 한 대가라고 했다. 나도 안다. 엄마가 늘 하는 소리니까. 모든 자식들이 엄마 말을 잘 듣는 것은 아니지만 나는 비교적 잘 듣는 편이었다. 그래서 중학교 내내 열심히 공부했고, 나는 지난주에 외고 입시에서 떨어졌다.

창문 사이로 열세 개의 빛이 들어온다. 이런 말을 하면 똑똑한 엄마는, 태양은 하난데 태양에서 나온 빛이 열세 개라니 말이 안 된다며 나를 저능아 취급했다. 휘어져 오는 빛, 직선으로 오는 빛, 춤을 추며 오는 빛. 내 눈에는 분명 여러 갠데 엄마는 믿지 않았다. 내가 유명한 외고에 지원했다 떨어진 것도 믿지 못해서 학교 입학 담당자에게까지 전화를 걸었다.

"아니, 우리 애가 왜 떨어졌어요? 평가는 제대로 한 거예요?"

엄마는 담당자에게 따지듯 물었지만 돌아온 대답은 뚜뚜 거리는 전화음 소리였다.

입시에서 떨어졌지만 세상은 그대로였다. 빛은 여전히 열세 개였고, 선생님은 인과율을 맹신했다. 달라진 것이 있다면 내가 '보기와는 달리' 공부를 열심히 안 한 학생이 되었다는 것과 어제부터 지수 녀석이 보이지 않는다는 것이었다.

지수는 맨 끝자리에 앉아서 늘 도화지에 무언가를 그렸다. 녀석의 빽이 좋은 건지 선생님들은 그런 녀석을 내버려 두었다. 사소한 것만 거슬려도 흠씬 두들겨 패기를 좋아하는 일진 놈들도 지수한테는 시비를 걸지 않았다.

1분단 중간에 있는 내 자리에서 뒤돌아보면 4분단 끝자리에 있는 그 녀석의 이마가 동그랗게 보였다. 늘 고개를 숙이고 무언가를 슥슥 그려 댔다. 가끔 눈이 마주치면 사춘기 소녀처럼 부끄러워해서 좀 역겹기도 했다. 사내자식이 부끄럼을 타다니 정말 밥맛이었다. 아무것도 하지 않았지만 이유 없이 미워지는 놈. 그러면서도 이상하게 신경이 쓰였다. 외고에 낙방했다는 결과를 들었을 때도 그 녀석을 패고 싶었다. 그러고 나면 속이 시원해질 것 같았다.

그런데, 녀석이 사라졌다.

노트에 빛을 여섯 개까지 그리고 나니까 갑자기 또 욱하고 무언가가 치밀어 올랐다. 나는 갑자기 지수 녀석을 만나 따지고 싶은 충동에 사로잡혔다. 내가 공부할 때마다 늘 신경 쓰이게 했고, 그놈만 아니었으면 합격했을지도 모른다는 생각을 하자 어쩐지 굉장히 그럴듯한 가설 같았다.

'어쩌면 도서관에 앉아 책을 읽고 있을지도 몰라.'

그 녀석 책상 위에 학림 도서관이라고 파랗게 찍힌 여러 권의 책을 본 기억이 문득 스쳐 갔다.

4교시가 끝나는 종이 울리자 아이들은 우르르 식당으로 몰려갔다. 어차피 오늘 메뉴는 잡곡밥이었다. 먹을 생각도 없었다. 잡곡밥을 보면 애벌레가 생각나서 먹을 수가 없었다. 내가 흰 쌀밥으로 바꿔 달라고 하면, 급식 담당 아줌마는 침을 튀기며 잡곡이 얼마나 건강에 좋은지 강조했다.

"너 잡곡이 얼마나 좋은지 알아? 한창 크는 나이엔 이걸 먹어야지, 흰 쌀밥 먹으면 건강에 안 좋아. 먹어 봐. 맛도 얼마나 고소한지 몰라."

머리에 흰 수건을 두른 아줌마는 그것을 내 입에 막 쑤셔 넣을 기세로 달려들었다. 아줌마가 푹 떠 넣은 주걱 위에는 수만 마리의 애벌레가 꿈틀거리고 있었다. 나는 침이 튀긴 애벌레를 도저히 먹을 수가 없어서 그날 점심을 걸러야 했다.

식당에서 나와 도서관 쪽으로 방향을 틀었을 때였다.

"지석아, 밥 안 먹어?"

뒤에서 목소리가 들렸다. 민규였다.

"오늘은 다른 애랑 먹어."

나는 돌아서며 말했다.

"왜?"

"지수 좀 찾아보려고. 요즘 통 보이지 않아."

그런데 민규의 표정이 이상했다.

"지수? 그게 누군데?"

민규는 지수가 누군지 전혀 모르는 사람처럼 물어보며 시계를 슬쩍 봤다. 나는 한숨부터 나왔다. 아무리 공부 잘하는 우등생이지만, 그래서 공부할 시간밖에 없다지만 같은 반 친구 이름 정도는 알아야 하는 것 아닌가.

"지수, 맨날 그림 그리는…… 아, 아냐. 아무튼 오늘은 다른 애랑 먹어."

나는 민규한테 실망한 듯 말하고 도서관을 향해 다시 걸었다. 갑자기 지수 녀석이 불쌍해졌다.

'이렇게 아무런 존재감 없는 놈이라니. 그러니 사라져도 아무도 안 찾지.'

**

도서관 앞에 도착했다. 중1 때 줄곧 다니던 이후로 처음 온 셈이었다. 그때는 책을 많이 읽지도 않으면서 도서관에 자주 왔었다. 도서관 통유리를 통해 들어오는 햇살 때문이었다. 어떤 빛은 졸다가 천천히 들어오기도 했고, 어떤 빛은 쏜살같이 돌진하기도 했다. 그것들을 멍하니 보고 있다가 교실로 돌아가면 광합성을 충분히 받은 식물처럼 기운이 솟아나곤 했다. 어쩌다 내 인생이 이렇게 꼬여 버렸는지 모르겠지만, 나한테도 행복한 시절이 있었다.

유리문 안을 들여다보니 시계가 오후 12시 10분을 가리키고 있었다. 안은 텅 비어 있었다. 동그란 안경을 끼고 늘 무언가를 읽던 도서관 사서 누나도 보이지 않았다. 너무 조용해서 딴 세상에 온 것같이 불안했다.

나는 문을 열고 들어서며 조그맣게 "김지수." 하고 불렀다. 고요 속에서 내 목소리가 그대로 되돌아왔다.

"야! 김지수! 너 거기 있는 거 다 알아!"

조금 더 크게 외쳤다. 소리가 더 크게 되돌아올 뿐이었다. 나는 도서관 안쪽으로 걸어 들어갔다. 오래된 책 냄새와 창에서 비쳐 들어오는 햇살 때문에 마음이 편안해졌다.

그때 서가 끄트머리 쪽에서 툭 하고 무언가 떨어지는 소리가 들렸다.

'깜짝이야.'

나는 놀라서 그냥 돌아설까 하다가 지수 녀석이 숨어서 나를 보고 있는 것 같은 이상한 예감이 들어, 소리가 나는 쪽으로 가 보기로 했다. 내 다리는 조금 휘청거리고 있었다. 소리의 방향을 따라 세 번째 서가까지 한 걸음 한 걸음 걸었다.

심호흡을 한 번 했다. 그리고 부러 큰 소리로 말했다.

"너 거기 있는 거 다 알아!"

나는 세 번째 서가 사이에 우뚝 서며 외쳤다. 아무도 없었다. 머쓱해져서 돌아서려는데 바닥에 책 한 권이 떨어져 있는 게 눈에 선명하게 들어왔다. 마치 내가 책을 본 것이 아니라 책이 나를 주시하고 있었다는 느낌이었다.

'이 책이 떨어지는 소리에 놀란 건가?'

맥이 탁 풀렸다. 나는 바닥에 떨어진 책을 향해 걸어갔다. 위에서 내려다보니 굉장히 오래된 책인지 누런 표지가 너덜너덜했다. 표지에는 알파벳이 쓰여 있었다.

S-E-I-N

아무리 봐도 무슨 뜻인지 전혀 모르겠다. 영어는 아닌 것 같았다. 나는 그 이상한 알파벳을 한참 동안 쳐다보다가 나도 모르게 천천히 읽었다.

"에스, 이, 아이, 엔."

그런데 엔까지 발음했을 때 갑자기 쿵 하는 소리가 들리더니 환하던 도서관 안이 어두워지면서 서가가 마구 흔들리기 시작했다. 심장이 빠르게 뛰다가 한순간 멎어 버릴 것 같은 통증이 밀려왔다.

'이대로 죽는 건가? 그런 일은 일어날 수 없어!'

나는 눈을 질끈 감았다가 떴다. 다행히 모든 게 그대로였다. 그런데 교실로 가야겠다고 마음먹었지만 발이 움직여지지 않았다. 발끝으로 피가 모이는 것 같았다. 삼선 슬리퍼가 바닥에 붙어 떨어지지 않았다. 그때였다.

서가 끝에 희미하게 보이는 것은 사람의 그림자였다. 이어 분명히 들려오는 발걸음 소리.

뚜벅.

탁.

뚜벅.

탁.

나는 뒤로 한 발을 겨우 뺐다. 뒤돌아서려는 순간 목소리가 말했다.

"이제야 찾으러 온 거냐?"

그림자는 이제 분명한 사람으로 내 앞에 서 있었다. 지팡이를 짚고 서 있는 노인이었다. 노인인데 자상한 구석은 찾아볼 수 없고, 그저 무섭게 생긴 얼굴을 하고 있었다. 이 낯선 노인이 나를 향해 말하고 있었다. 나는 침을 한 번 꿀꺽 삼켰다.

"누…… 누구세요?"

노인은 찢어진 눈을 더 가늘게 옆으로 뜨면서 웃었다.

"하이데거."

웃고 있는데도 어쩐지 기분이 좋지 않았다. 나는 뒤로 한 발을 더 빼면서 말했다.

"그런데 할아버지는 왜 여기 계…… 계신 거죠?"

"지금이 몇 년도니?"

노인이 갑자기 엉뚱한 질문을 했다. 나는 침착하게 2017년이라고 말해 주었다.

"꽤 멀리서 부른 거군."

노인이 말했다. 나는 어리둥절하여 노인을 바라보았다.

"누가 누굴 불러요?"

"네가 나를."

나는 노인을 부르지 않았다. 그래서 뭔가 착각이 있었던 것 같다고, 나는 친구를 찾으러 왔을 뿐이라고 말해 주었다. 떨리는 목소리였지만 할 말은 다 했다.

그런데 노인이 더 알 수 없는 말을 했다.

"그러니까 너의 존재를 찾으러 온 거잖아."

갈수록 이상한 노인이었다.

"존재가 뭔데요?"

나는 조금 진정하며 물었다.

"너를 너답게 만드는 거다."

'나를 나답게 만드는 것? 나다운 게 뭘까. 그림을 그리는 나? 그럼 그때 나는 존재했고, 지금은 존재하지 않는다는 말인가?'

갑자기 머릿속이 뒤죽박죽 엉키는 기분이었다.

'정신 차리자. 나는 지수를 찾으러 왔을 뿐이야. 이상한 노인이 내 앞에 있지만, 이것은 현실이 아닐 거야.'

나는 내 뺨을 세차게 때렸다.

아프다.

휴.

"할아버지는 도대체 누구죠?"

내가 묻자 노인이 지팡이를 짚으며 서가에 놓인 의자에 다가가 앉으면서 말했다.

"나도 사실 황당하긴 하다. 난 철학자 마르틴 하이데거란다. 내 오두막집에서 책을 집필하고 있었지. 그런데 누군가 다급하게 나를 부르는 소리가 들렸어."

"철학자 하이데거라고요?"

사실 철학자라기보다는 농사짓다 온 노인 같았다.

"그런데 누가 불러요?"

"네가. 사실 난 전에도 이런 일을 겪어 봐서 별로 놀라진 않았다. 언젠가 갑자기 심장이 빠르게 뛰더니 정지하는 느낌이 들었어. 그리고 눈을 떴을 때 난 이상한 세계에 가 있었지. 그때 만난 게 아질울포[1]였다."

"그게 누군데요?"

"사람들은 아질울포를 존재하지 않는 기사라고 불렀어. 존재를 잃어버린 자들이 날 부르는 것 같아."

"존재를 잃어버린 자라뇨?"

알 수 없는 섬뜩함이 느껴졌다.

**

세상이 처음부터 이렇게 생겨 먹지는 않았었다. 이제는 금기가 되었지만 민수 형 이야기부터 해야겠다.

엄마의 프로젝트는 형을 임신했을 때부터 시작되었다. 전해 들은 바에 따르면 형을 가졌을 때 고등어와 호두와 완두콩을 시작으로 엽산, 비타민을 챙겨 먹는 것은 엄마의 의식과도 같았다고 한다. 엄마의 소원은 단 하나였다. 건강한 아이가 아니라 똑똑한 아이. 천재면 할렐루야.

병원에서 임신 진단을 받았을 때 엄마가 제일 먼저 들른 곳은 레코드 가게였다. 그곳에서 엄마는 모차르트의 교향곡을 회심에 가득 찬 표정으로 집어 들었다. 우리 아이를 똑똑하게 만드는 음악 말이다. 불쌍한 모차르트는 엄마의 관심 밖이었다.

엄마의 열의와 완두콩을 먹고 자라난 형은 한 치의 어긋남도 없이 잘 성장해 주었다. 초등학교 내내 전교 1등을 놓친 적이 없을 정도였다. 아니 딱 한 번 전교 5등으로 밀려난 적이 있지만, 그때 형은 배가 아파서 1교시에 치러진 시험을 보지 못했다는 어쩔 수 없는 이유가 있었다. 엄마는 얼굴을 찡그리기는 했어도 그 정도는 넘어가 주기로 했다.

"건강 챙기는 것도 자기 관리야. 다음부턴 그런 일 없도록 해."

엄마는 형에게 엄격하게 말했지만 친구와 통화할 때는 달랐다.

"글쎄, 애가 시험 하나를 못 보고도 전교 5등이나 했지 뭐야. 정말 누굴 닮아서 그리 똑똑한 건지."

엄마의 프로젝트는 성공 가도를 달리고 있었다. 엄마가 대한민국 최고의 대학을 가지 못하고 그 아래 대학에 간 것은 엄마 인생의 수치였다. 이무기가 용이 되기를 기다리는 심정으로 '내 아이 천재 만들기 프로젝트'를 세운 것은 대학 1학년 때였다고 했다.

"집에서 조금만 더 뒷받침해 줬으면 지금쯤……."

엄마는 가끔 회한에 차서 말하곤 했는데, 그럴 때마다 슬픈 표정이라기보다는 의지에 가득 찬 표정이 되곤 했다.

엄마와 엄마의 큰아들이 계획대로 성장해 가는 동안 아빠와 나는 주로 화실에서 놀았다. 아빠는 조금 유명한 화가였다. 엄마가 아빠와 결혼하기로 마음먹은 것은 할아버지가 부자였기 때문이었다. 어차피 머리는 엄마를 닮아 좋을 테니, 돈만 있으면 된다고 생각한 듯했다. 아빠는 그런 사실을 어렴풋이 알았지만 딱히 싫지는 않았다고 했다.

"그래도 너희 엄마는 귀찮게는 안 했거든."

캔버스에 물감을 칠하면서 아빠는 시큰둥하게 말했다. 아빠는 화실에서 그림을 그리는 시간이 가장 행복하다고 했다. 그것 말고는 딱히 관심 가는 게 없다고 했는데, 정말 그랬다. 형의 성적이 고공 행진을 해도, 내 성적이 바닥에 고꾸라져도 "그래?", "그렇구나." 말하는 게 전부였으니까. 그런 면에서 어이없이 잘 맞는 부부였다. 민수 형 사건이 터지기 전까지는.

형이 엄마의 프로젝트 2단계를 잘 수행하지 않은 것은 아니었다. 문제는 계획에 없던 일을 덤으로 해 버린 것이었다. 형은 여전히 전교 1등을 놓치지 않았다. 하지만 숙맥일 줄 알았던 형이 여자 친구를 만든 것은 예상 밖의 일이었다.

형의 여자 친구는 같은 반이자 영어 학원을 같이 다니는 은수 누나였다. 친구들과 함께 있는 은수 누나를 본 적이 있다. 동그란 눈과 적당히 높은 코, 새초롬한 입술, TV에서 막 튀어나온 듯한 깨끗한 얼굴, 한번 웃으면 그 웃음을 따라 구미호의 집이라도 마다치 않을 것 같은 매력적인 미소. 은수 누나한테서는 환한 광채가 일렁이고 있었다. 주변에 있는 친구들은 그저 그림자에 불과할 뿐이었다.

나는 그렇게 예쁜 누나가 왜 형 같은 사람을 만나는지 도통 이해할 수가 없었다. 그런데 더 이해를 못 한 것은 엄마였다. 물론 이유는 달랐지만.

"아니 장차 대한민국의 리더가 될 놈이 그런 흔해 빠진 계집애랑 붙어서 놀고 다녀?"

엄마가 그 사실을 알았을 때 폭풍우가 몰아치기 전의 고요를 느낀 아빠와 나는 화실로 도망쳤다. 그날 무슨 일이 있었는지는 모르지만, 다음 날 엄마는 엄마네 학교에 가지 않고(엄마는 초등학교에서 수학을 가르쳤다) 민수 형네 학교에 갔다.

"애들이 학교에서 연애질하는 거 알고 계셨어요? 우리 애 공부 방해 안 되게 선생님이 감시 좀 잘해 주시면 안 돼요?"

그런데 민수 형네 담임 선생님을 만나고 나오던 엄마는 우연히 은수 누나와 마주쳤다. 은수 누나를 본 엄마는 도저히 그냥 지나칠 수 없었다.

"니가 은수라는 애지? 너 연애질하려고 학교 다니니? 여우같이 우리 민수 꼬드기지 말고 공부나 해."

엄마는 숨을 몰아쉬며 은수 누나를 단속했다. 은수 누나는 묵묵히 엄마의 얘기를 듣기만 했다. 그 어떤 반응도 하지 않은 채. 학교 정문을 나서면서 엄마는 겨우 한숨을 돌렸다. 엄마의 잘 짜 놓은 계획표에 더 이상의 변수는 없다고 생각하며 안심했다. 엄마는 자신과 아들의 장래를 생각하며 다시 한번 주먹을 불끈 쥐었다. 문자 알림이 울린 것은 그때였다.

아줌마, 아줌마 아들이 저 따라다니는 거거든요? 그리고 아줌마 아들이 아줌마 존나 싫어해.

감정 제어에는 누구보다 자신 있는 엄마였지만 그날만큼은 참기가 힘들었다. 엄마는 근 10년 동안 이를 갈며 세워 온 계획에 쩍쩍 금이 가는 소리가 들렸다고 했다. 엄마는 다시 학교 쪽으로 방향을 틀었다. 방금 받은 문자를 증거로 그 은수라는 아이가 얼마나 막돼먹은 아이인지 담임 선생님을 설득하는 일은 어렵지 않았다. 그리고 학교로서도 전교 1등인 형을 보호해야 할 필요가 있었다.

반이 갈라진 건 물론이고 같이 다니던 학원을 정리하는 것도 그날 모두 정해졌다. 엄마의 행동은 굉장히 빨랐다. 원칙에서 벗어나는 것을 증오하는 엄마는 엄마 식의 합리성을 내세워 문제를 해결해 나갔다.

하지만 문제는 민수 형이었다. 다음 날부터 모든 학원에 가지 않겠다고 선언한 것이었다.

"뭐? 학원엘 안 가?"

"네, 안 가려고요."

"과학고 가야지. 날고 기는 애들 다 모이는 덴데 무슨 수로 학원엘 안 가고 거길 붙어? 이제 6개월 남았는데, 지금 그럴 때 아니잖아?"

"과학고 안 가려고요."

"과학고를 안 가? 내가 잘못 들은 거지?"

"아뇨. 과학고 안 가요."

엄마는 화를 꾹 참으며 다시 물었다.

"그럼 거기 안 가고 뭐 하게?"

"가수 되려고요."

형은 단호하게 말했다. 청천벽력, 어불성설이었다. 엄마는 나중에 그때의 심정을 이렇게 표현했다.

은수 누나가 제일 좋아한 사람은 디오였다. 노래 부르는 아이돌 가수 디오 말이다. 은수 누나는 디오의 노래뿐만 아니라 디오의 모든 것을 좋아했다. 은수 누나의 모든 것을 좋아한 형이 디오를 우상으로 삼은 것은 당연한 수순이었다. 형은 질투 대신 디오를 우상 삼아 '리틀 디오'가 되고자 했다. 역시 똑똑한 형이었다. 엄마의 완두콩이 엉뚱한 방향에서 빛을 발한 셈이었다.

"이 쌍놈의 새끼, 내가 너를 어떻게 키웠는데!"

엄마의 입에서 욕이 나온 것은 그날이 처음이자 마지막이었다. 우아하고 세련된 엄마가 욕을 한다는 것은 스스로 용납하지 못할 일이었다. 그런데 그날만은 달랐다.

"빌어먹을 새끼, 내가 이런 꼴 보려고 그 모진 시간을 견뎌 온 줄 알아? 네가 생각이 있기나 한 놈이야? 이 시궁창에 처박힐 새끼!"

마치 욕의 신이 빙의라도 한 듯 엄마의 입에서는 생전 들어 보지 못한 비속어가 거침없이 흘러나왔다. 형도 엄마의 그런 모습을 본 적이 없었으므로 놀라기는 마찬가지였다. 그러나 잠잠히 듣던 형은 자기 방으로 들어가 조용히 문을 닫는 것으로 엄마와의 갈등을 피했다. 형 뒤에다 대고 엄마가 소리쳤다.

"너 은수라는 애하고 한 번만 더 말 섞거나 하면 가만 안 둬! 어디서 발랑 까진 애랑 놀더니 이상한 데 물들어선 안 하던 짓을 해! 정신 차려!"

엄마는 화가 난 가운데도 문제의 원인을 찾아낸 모양이었다. 희생양은 은수 누나였고, 은수 누나는 엄마의 머릿속에서 꼬리 아홉 개 달린 여우로 둔갑해 있었다.

그러나 정작 형을 피한 것은 은수 누나였다. 은수 누나는 처음부터 형 따위는 관심도 없었던 듯 다른 형을 만나고 다녔다. 하지만 민수 형은 은수 누나의 마음이 변한 거라고 추호도 생각하지 않았다. 형은 자신의 마음도 변함이 없음을 알리고 싶었다. 그러나 엄마한테 전화기를 뺏긴 형은 자신의 진심을 전달할 방법이 없었다. 고심 끝에 선택한 묘안이 편지였다. 형은 편지 한 장에 자신의 진심을 담기로 했다.

은수야, 내가 너를 얼마나 좋아하는지 알아줬으면 해. 지금은 상황이 이렇게 되어서 만나기 곤란하지만 조금만 기다려 줘. 네가 없는 나를 상상할 수 없어.

형이 편지를 보낸 다음 날이었다. 학교에 간 형은 그날따라 이상한 기운이 따라옴을 느꼈다. 맞은편에서 지나가던 아이들이 형을 돌아보며 자기들끼리 수군대다 킬킬거리고 있었다. 기분이 좋지 않았지만 은수 누나 생각만이 중요했던 형은 그런 건 무시하기로 했다. 학교 정문을 통과해 아카시아 앞을 지나가던 형은 나무 아래 게시판에서 멈춰 섰다. 늦가을의 아카시아는 잎도 다 떨어뜨린 채, 앙상한 가지만 남아 추위에 떨고 있었다.

게시판을 물끄러미 쳐다보던 형은 비로소 그 이상한 기운의 정체를 알게 되었다. 게시판에는 형이 은수 누나에게 보낸 쪽지가 붙어 있었다. 그리고 쪽지 아래쪽에는 "병신"이라는 글자가 형을 빨갛게 비웃고 있었다.

한눈에 봐도 은수 누나의 글씨가 분명했다. 형은 그 자리에서 한참을 움직이지 못하고 편지와 편지 아래에 적힌 빨간색 글자를 멍하니 바라보고 있었다. 순수하게 좋아한 여자로부터 받은 배신감과 모욕, 엄마에 대한 분노와 증오가 한꺼번에 형을 괴롭혔다. 그러나 은수 누나로서는 엄마에게 앙심을 품고 있었으므로 그런 식으로 앙갚음한 것이었다.

형은 그날 태어나서 처음으로 학교 수업을 듣지 않았다. 학교에서 연락을 받은 엄마는 사방으로 찾으러 다녔지만, 정작 형을 발견한 곳은 집 옥상이었다. 옥상에 반듯하게 누운 형 옆에는 손목을 그었을 피 묻은 칼과 MP3가 놓여 있었고, 뜻밖에도 모차르트의 음악이 흐르고 있었다.

그 자리에서 졸도한 엄마는 일주일이 지나서야 정신을 차렸다. 병상에서 눈을 뜬 엄마는 몸도 마음도 지친 표정으로 나를 바라보았다. 엄마의 눈가는 젖어 있었다. 나는 엄마의 손을 잡았다.

"엄마 괜찮으세요?"

그런데 깊은 나락에서 겨우 올라온 엄마의 첫마디.

"그럼 그만 그리고 외고 가라."

[1] 아질울포는 이탈리아 작가 이탈로 칼비노가 쓴 《존재하지 않는 기사》에 등장하는 주인공이다. 《존재하지 않는 기사》는 자아를 잃고 살아가는 현대인의 모습을 상징적으로 드러낸 작품이다. 하얀 갑옷을 입고 등장하는 주인공 아질울포는 육체가 없다. 아질울포는 화려한 직책을 가지고 있지만 늘 자신의 존재가 사라질지도 모른다는 불안감에 시달린다.

2

존재를
탐구하다

— 독일 프라이부르크, 1930년

나는 철학자다. 어릴 때는 신학에 관심을 가졌지만, 몸이 안 좋아 그만둔 후 철학에 심취하게 되었다. 스승 후설[2]의 사상은 나의 심장을 마구 파고들었다. 그의 사상에 감동한 나는 스스로 물었다.

"존재는 무엇이며 그것은 어떻게 드러날 것인가?"

사람들은 존재를 안다고 말하지만 내 생각에 존재는 망각의 저편으로 사라졌다. 아니 한 번도 말해진 적이 없다. 사람들은 눈앞에 사물로 보이는 '존재자'에 대해서만 말할 뿐, 그것의 근원인 '존재'에 대해서는 알려고 하지 않는다. 그러나 존재는 그들이 말하는 것처럼 쉽게 정의 내릴 수 있는 것이 아니다. 존재는 분명하게 드러나는 것이 아니니까.

예를 들어 고흐의 구두 그림에는 단순히 발을 보호해 주는 도구로서의 구두만 나타나는 것

고흐의 〈구두 한 켤레〉(1886)

이 아니다. 그 닳아 빠진 구두에는 힘든 노동을 하는 아낙네의 삶이 그대로 묻어난다. 그것은 단순한 구두가 아니라 누군가의 삶을 보여 주는, 하나의 세계를 열어 보이는 구두이다. 농촌 아낙네의 삶의 흔적, 그것이 바로 고흐의 구두 그림에 숨겨진 존재의 근원적인 모습이다. 그러므로 분명히 말할 수 있는 것은 단 하나다.

존재는 존재자가 아니라는 것.

**

똑똑.

"하이데거 선생님, 질문이 있어서 왔습니다."

열린 문 사이로 헤르만의 얼굴이 보였다. 헤르만은 호기심이 많은 친구다. 나의 철학에 대해 같이 이야기할 수 있는 영민하고 열정적인 제자다.

나는 오두막 한가운데 놓인 테이블로 자리를 옮겨 헤르만과 마주 앉았다. 허리를 꼿꼿이 펴고 정자세로 앉아 있는 헤르만은 차분하고 온화한 분위기 때문에 잘생겼다는 인상을 주었다.

"그래, 내가 준 논문은 읽어 보았나?"

"네, 선생님. 존재의 의미에 대해 새롭게 물음을 제기해야 한다고 말씀하신 부분에서 궁금한 게 있어 왔습니다."

불빛에 음영이 드리워진 헤르만의 얼굴이 진지했다.

"어떤 부분이 궁금한가?"

"존재가 존재자와 다르다는 것이 어떤 의미인지 이해가 잘 안 됩니다. 제 이해력이 부족한 탓이겠지만요. 선생님께서 말씀하신 존재란 대체 무엇입니까?"

나는 어디서부터 설명해야 할지 잠시 망설였다. 전통 철학자들은 존재를 이론적으로 파악할 수 있는 대상으로 보면서 그것을 지배하려고 했다. 특히 근대에는 데카르트의 주체적 이성을 통해 존재를 대상화하려고 했다.[3] 그러나 '주체'는 대상으로 포착되는 것만이 존재한다고 믿는, 우물 안 개구리라는 생각을 나는 도무지 떨쳐 버릴 수 없었다.

근대 철학이 내세운 '주체'는 진짜 존재에 대해서는 전혀 알지 못한다. 이러한 주체를 통해서는 존재가 알려지지도 않는다. 주체의 오만하고 편협한 태도가 존재를 사생아로 만들어 버린 것은 아닐까? 이렇게 주체를 통해 존재를 이해하는 것이 아니라, 새롭게 존재를 이해해야 한다는 데서 나의 사유는 시작되었다.

나는 헤르만에게 말했다.

"존재는 '있음'이야. 그러나 단순한 있음은 아니라네. '나는 생각한다.'라고 했을 때 '나'를 통해 드러나는 것은 존재자일 뿐이지. 주체인 '나'를 통해서는 존재가 알려지지 않아."

"선생님, 존재자는 드러나는 것이고 존재는 드러나지 않는 것이라면 존재를 경험하는 것이 가능할까요?"

심상한 표정으로 헤르만이 질문했다.

"존재는 무한히 충만한 것이고 본래적이고 근원적인 것이라네."

헤르만의 가늘고 하얀 손가락 사이로 펜의 움직임이 빨라지는가 싶더니 갑자기 정지했다. 혼란스러운 표정이었다. 내 설명이 충분치 않은 모양이었다. 나는 참나무로 만든 갈색 서랍장을 열어 종이를 꺼냈다. 종이에는 엊그제 숲길을 산책하며 쓴 시가 적혀 있었다.

"이걸 한번 읽어 보겠나?"

나는 헤르만에게 종이를 건넸다.

숲은 가로누워 쉬고 있고

개울 물은 급히 흐른다

바위는 묵묵히 그렇게 서 있고

비가 촉촉이 내린다

들녘의 논밭은 기다리고

샘물이 솟는다

바람은 잔잔히 불고

축복이 은은하게 가득하다

시를 다 읽은 헤르만은 골똘히 생각에 잠겼다. 그는 생각에 잠긴 채 종이에 써 내려 간 글자를 몇 번이고 반복해서 훑으며 읽고 또 읽었다.

"축복이 은은하게 가득하다."

순간 그의 얼굴에 드리웠던 그늘이 걷히면서 환한 표정이 나타났다.

"선생님, 알겠습니다."

헤르만이 들뜬 어조로 다시 말했다.

"숲이나 바위, 샘물을 존재자의 차원에서 인식하면 그냥 숲이고 바위이고 샘물이지만, 그것이 가지는 깊이, 경이로움, 광채 등 근원적인 데 주목하면 그게 바로 존재라는 말씀이시죠?"

헤르만은 격앙된 목소리로 말했다. 나는 헤르만의 이해력에 탄복하며 고개를 크게 끄덕였다.

숲길을 산책하면서 느꼈던 개울 물, 비와 바람의 화음, 숲의 존재가 헤르만에게 전달된 것 같아 그와 친밀해진 기분이 들었다. 사상을 공유하는 것은 흔치 않은 기쁨임이 틀림없다.

"존재는 바로 그러한 충만함과 고유함일세. 그러나 사람들은 존재에 대해서는 알려고 하지 않고, 그저 숲이나 나무 같은 존재자의 차원에서 말하곤 하지. 난 그런 오해를 바로잡고 싶어서 존재에 파고들었다네."

존재의 충만함과 깊이, 그것은 언제나 나를 사로잡았다. 하지만 주체가 된 인간은 다른 인간이나 사물을 자신 앞에 세워 놓고 대상화하기 시작했다. 폭력적 군주인 주체의 통제 아래에서 존재는 무시되었고, 존재의 다양한 모습은 감추어졌다. 그리고 세계는 이성적이고 합리적인 주체의 독단 앞에서 무자비하게 파괴되어 갔다. 존재 망각과 고향 상실의 시대. 그것은 주체가 된 인간의 아집이 초래한 것이었다.

나도 모르게 한숨을 쉰 것 같았다. 헤르만이 의아한 표정으로 나를 살폈다. 나는 헤르만에게 질문했다.

"존재의 고유한 본질이 무시되면 어떤 일이 생길 것 같은가?"

헤르만은 옅은 금발색 머리칼을 쓸어 넘기며 생각에 잠겼다. 나는 다시 말했다.

"대상을 마음대로 지배하겠지."

헤르만의 입에서 짧은 한숨 소리가 새어 나왔다.

"고향 상실의 시대야. 공허가 지배하는 시대고."

"존재를 잃어버린 결과인가요?"

헤르만은 눈을 크게 뜨며 말했다.

"그렇다네. 라인 강 수력 발전소는 존재를 계산 가능한 하나의 에너지 집합체로 보는 것에 불과하지."

"이용 가능한 대상…… 결국 라인 강이라는 존재를 무시한 것이

군요."

헤르만은 심각한 표정으로 말했다.

"맞아. 시인 횔덜린의 눈으로 바라본 라인 강이 존재의 깊이와 근원을 포착한 것이라면, 라인 강을 수력 발전소로 이용하는 태도는 존재를 그저 도구로 보는 것일 뿐이네. 존재를 대상화하기 때문에 그렇게 도구로 생각하는 거지."

"존재의 대상화……."

헤르만은 탄식했다.

"존재는 이용 가능한 게 아니거든. 주체에 의해 지배되는 게 아니라고. 그런데도 존재를 무시하고 그것을 지배하는 대상으로 여기는 사고가 당연시되고 있어. 그 과정에서 우리는 고향을 상실하게 된 거네."

"그 결과로 공허하고 황폐한 시대를 살고 있는 거군요."

"그렇지. 자업자득이야."

고개를 끄덕이는 헤르만의 얼굴에 짙은 어둠이 드리웠다.

[2] 에드문트 후설(Edmund Husserl, 1859~1938)은 독일 철학자로 현상학의 창시자로 불린다. 그는 《산술의 철학》과 《논리 연구》를 저술했는데, 여기서 현상학이라는 용어가 처음 등장했다. 현상학이란 말 그대로 현상을 드러내는 학문을 뜻한다. 예를 들어 연필은 필기구가 될 수도 있고, 예술 작품의 소재가 될 수도 있다. 이렇게 대상은 늘 무엇과의 관계 속에서 있는 것이지 그 자체로 주어질 수 없다는 것이다. 하이데거는 프라이부르크 대학에서 후설을 스승으로 모셨고, 자신의 대표적인 저서인 《존재와 시간》을 후설에게 바쳤다.

[3] 근대 철학자 데카르트에 의하면 "나는 생각한다. 그러므로 존재한다"는 명제는 의심할 수 없는 유일한 사실이다. 이때 생각하는 '나'가 주체이다. 그리고 주체에 대(對)해서 존재하는 모든 것은 '대상'이 된다.

3

여행을
제안받다

― 대한민국 서울, 2017년

"존재를 잃어버린 자라뇨?"

나는 이 노인이 썩 맘에 들지는 않았지만 자꾸 이상하게 끌렸다.

"글쎄다. 나도 의문이긴 하지만 요즘 들어 그런 사람들을 자꾸 만난단다. 내 의지와 상관없이. 그래서 너도 존재를 찾으려고 날 부른 거라 생각했다."

'존재가 뭔지 알아야 찾지.'

속으로 이렇게 생각하며 나는 노인에게 지수를 찾으러 온 것뿐이라고 말해 주었다. 지수는 같은 반 친구이고 항상 맨 뒷자리에서 그림을 그리는 녀석인데, 어느 날 갑자기 사라졌다고. 외고 입시에서 떨어진 게 마치 그 녀석 때문인 것 같아 만나서 따지고 싶었다고 죄다 말해 버렸다.

"혹시 여기서 얼굴 하얗고 목이 긴 남자애 못 봤어요? 어디 구석에 가서 혼자 그림 그리고 있을지도 몰라요."

나는 내친김에 물어보며 도서관을 둘러 보았다. 내 말을 다 들은 노인은 복잡한 표정이 되었다.

"너는 믿기 힘들겠지만 사실 모든 시간과 공간은 하나로 연결되어 있단다. 우리의 의식은 맘만 먹으면 과거나 미래로 갈 수도 있어. 나도 경험하기 전에는 믿지 못했지만 말이다. 아무래도 지수라는 아이가 다른 시간이나 공간으로 빠져나간 것 같구나."

들다 보니 갈수록 태산이었다. 여기서 이상한 노인을 만난 것도 아직 적응을 못 했는데 지수는 또 다른 공간으로 간 거라니. 영화에나 나올 법한 황당무계하고 희한한 얘기를 나더러 믿으란 건가.

"믿지 못하는구나."

노인이 내 일그러진 표정을 보더니 말했다.

"네."

"난 까마득한 과거의 시간과 공간을 건너 여기로 왔다. 그래도 못 믿겠니?"

"……."

"그럼……."

나는 노인을 쳐다봤다.

"그럼 뭐요?"

"나랑 다른 시간, 다른 공간으로 가서 지수를 찾아보는 건 어떠니?"

심장이 쿵 하고 내려앉는 소리가 들렸다. 놀라움과 당혹감과 호기심이 한꺼번에 덮치는 소리였다.

"그게 어떻게 가능하죠?"

노인은 나를 한 번 보더니 바닥으로 시선을 돌렸다. 바닥에는 처음 도서관에 왔을 때 봤던 책이 그대로 떨어져 있었다. 책을 주시하던 노인이 다시 나를 보며 말했다.

"아까 나를 불렀을 때 했던 것처럼 해 보면 될 것 같다."

혼란스러웠다. 또 어떤 일이 일어날지 알 수 없었다. 어떤 일이 일어나기를 바라지도 않는데 왜 자꾸 이상한 일에 휩싸이는 걸까?

나는 망설이다 침을 꿀꺽 삼켰다. 생각해 보니 이판사판이었다. 지수가 사라진 다음부터 마음이 종잡을 수 없이 불안한 이유를 나도 모르겠지만, 어차피 지수를 못 찾으면 아무것도 안 될 것 같았으니까. 망할 지수 자식.

"다시 돌아올 수는 있나요?"

내가 묻자 노인은 말없이 고개를 끄덕이며 책을 가리켰다.

아,

그러니까,

어,

에라 모르겠다.

4

어린 왕자를 만나다

– 행성 B612, 연도 미상

심장이 아프다. 아직 많이 살지도 못했는데 심장 마비로 죽는 건 아니겠지? 그나저나 나한테 무슨 일이 일어나고 있는 걸까? 이상한 노인이 문제였어. 처음 봤을 때 잽싸게 교실로 돌아갔어야 하는 건데. 존재가 어쩌니저쩌니 계속 알 수 없는 얘기를 하는 바람에 대화가 길어졌지. 존재가 뭔지 알게 뭐람. 노인은 내가 존재를 잃어버렸다고 했지만, 그게 뭔지 알아야 잃어버린 줄도 알지.

아니다. 다시 생각해 보니 지수 녀석이 문제였다. 그 녀석은 대체 어디로 사라져 버린 걸까, 아무 말도 없이. 이상한 건 한두 가지가 아니었다. 학년 내내 같은 반에 있으면서 말 한 번 안 해 본 사이라니. 같은 반인데도 이상하다 싶을 정도로 마주칠 일이 없었다. 항상 교실 뒷자리에 덩그러니 앉아서 그림만 그려 대던 녀석. 눈이 마주치면 바보같이 실실 웃어 대기나 하는 놈이 왜 자꾸 내 신경을 건드리는지 모르겠다.

그런데 여기는 또 어딜까?

바닥이 차다.

흙바닥인가?

서늘한 냉기가 등을 타고 스멀스멀 올라왔다.

**

"넌 누구니?"

새소리같이 가는 목소리에 나는 눈을 번쩍 떴다. 나를 내려다보고 있는 아이는 금빛 머리 소년이었다. 맙소사. 점토 인형 같은 얼굴에 점프슈트를 입고 있었다.

'이 아인 누굴까?'

나는 몸을 일으켰다.

"나? 난 지석이라고 하는데."

금빛 머리 소년이 나를 물끄러미 쳐다봤다. 애매한 표정이었다. 나는 정신을 차리고 주위를 둘러보았다. 노인은 어디로 사라진 걸까?

"호…… 혹시 여기 나랑 같이 온 노인 못 봤니?"

"아, 철학자?"

"어, 철학자."

"네가 안 일어나니까 산책 좀 하고 오겠다고 저기 분화구 길로 갔어."

금빛 머리 소년이 가리키는 쪽으로 시선을 옮겼다. 노인은 보이지 않았다. 이런 중요한 순간에 산책이라니 어이가 없었다. 낯선 곳에 데려와 놓고 혼자 산책할 생각을 하다니 정말이지 대책 없는 노인네였다.

"넌 어느 별에서 왔니?"

금빛 머리 소년이 나를 물끄러미 바라보며 물었다.

'별? 별이라니. 별일이다. 이런 낯간지러운 질문을 하는 이 아이의 정체는 뭘까?'

"넌 나비를 수집하니?"

"넌 어떤 동물을 좋아하니?"

"넌 어떤 색을 좋아하니?"

"넌 붉은 벽돌집에 사니?"

난데없는 폭풍 질문이 쏟아졌다. 나는 두 눈을 끔벅거리며 어떤 대답을 골라야 할지 망설였다. 그때 노인이 우리가 있는 곳으로 걸어왔다. 사람을 놀라게 해 놓고는 웃고 있었다. 가는 눈을 더 가늘게 뜨면서.

"어린 왕자랑 인사해라."

나는 노인을 쳐다봤다.

"어린 왕자요?"

"어린 왕자는 이 별을 지키는 왕자야. 우리가 어린 왕자의 별에

오게 될 줄은 나도 몰랐지만."

"저기, 할아버지…… 그러니까 제가 아는 소설 《어린 왕자》[4]에 나오는 그 어린 왕자가 저 녀석이라고요?"

나는 노란 머리 녀석을 손으로 가리켰다.

"아, 너도 어린 왕자를 아는구나."

노인이 반가워하며 말했다. 나도 당연히 어린 왕자를 알고 있었다. 하지만 책에 나오는 어린 왕자가 실제 존재하는 녀석이었다니 놀랄 수밖에 없었다.

나는 금빛 머리 소년을 찬찬히 살펴보았다. 자세히 뜯어 보니 점을 찍어 놓은 것 같은 이목구비에 요상한 점프슈트를 입고 있는 게 책에서 봤던 그대로였다.

"맞네요, 어린 왕자!"

나도 모르게 놀라운 표정을 지은 모양이었다. 쩍 벌어진 내 입을 보다가 눈이 마주친 노인은 놀라움도 반복되면 익숙해진다고 위로인지 뭔지 모를 말을 했다. 노인도 처음에는 정신이 이상해진 건 아닌가 걱정했지만, 자꾸 이런 일들을 겪으니까 이제 일상처럼 자연스럽다고 했다.

금빛 머리, 아니 어린 왕자가 다시 물었다.

"넌 어느 별에서 왔니?"

"지구에서 왔어."

나는 그때야 질문의 의미를 깨닫고 대답했다.

"나도 지구에 간 적이 있는데. 지구에는 왕이 111명, 지리학자가 7,000명, 사업가는 90만 명, 술꾼은 750만 명, 허풍선이는 3억 1,100만 명이 있어. 그러니까 지구에는 20억의 어른들이 살아. 너도 어른이니?"

'내가 어딜 봐서 어른이야.'

나는 어른이 아니라 청소년이라고 말해 주었다. 어린 왕자는 청소년이 뭔지 모르는 것 같았고, 어른이 아닌 것은 다행이라고 생각하는 것 같았다. "넌 어른이 아니구나."라고 말하면서 입가에 미소가 번지는 거로 봐서 그랬다.

"어른들하고는 친구가 될 수 없어."

"왜?"

"어른들은 자기 얘기만 하니까."

동서고금을 막론하고 어른들은 다 비슷한 모양이었다.

"내가 우리 별에 있는 친구를 소개해 줄게."

어린 왕자는 갑자기 내 손을 잡더니 '꽃길'이라고 쓰여 있는 오솔길로 걸어갔다. 남자끼리 손을 잡다니. 이건 지구에 사는 청소년에게 실례이긴 하지만 말은 하지 않았다.

몇 걸음 걸으니까 활화산 하나가 있고, 그 옆에 작은 울타리를 둘러친 곳에 장미꽃 한 송이가 있었다.

"내 꽃에게 인사해."

어린 왕자가 꽃을 가리키며 말했다.

"안녕."

꽃은 나를 올려다보면서 하늘거리며 인사했다. 우쭐대는 꽃의 몸짓을 보면서 나는 어색하게 인사했다.

"아, 안녕."

"이 세상에 하나밖에 없는 꽃이야."

어린 왕자가 자랑스럽게 말했다.

나는 어린 왕자와 꽃을 번갈아 보았다. 붉은색 꽃잎과 파란 잎사귀, 몇 개의 가시. 내 눈엔 그냥 흔한 장미꽃으로 보일 뿐이었다.

"장미꽃이잖아."

"응."

"그러니까 그냥 장미꽃이라고. 사실 지구엔 저런 꽃이 아주 많아. 우리 동네 시장에 가면 1만 송이도 더 있어. 세상에 하나밖에 없는 건 아닌데."

나는 사실대로 말해 주었다. 내 말을 듣던 어린 왕자의 얼굴이 시무룩해지더니 조그맣고 하얀 손으로 옷을 만지작거렸다.

"너도 그런 말을 하는구나."

나는 어린 왕자를 보면서 '왜?'라는 표정을 지어 보였다. 어린 왕자의 실망하는 얼굴을 보자 내가 말실수라도 한 건가 생각했다. 하지만 흔한 장미인 건 맞으니까.

"이 장미는 지구에 있는 수많은 꽃들과 달라."

나는 다시 한번 장미꽃을 보았다. 다시 봐도 그냥 흔한 장미였다. 나는 어린 왕자를 보며 으쓱해 보였다. 그러자 어린 왕자가 숨을 고르더니 다시 말했다.

"나도 지구에 갔을 때 이렇게 생긴 꽃이 많다는 걸 알고 슬프긴 했어. 내 꽃은 자기가 이 세상에 하나밖에 없는 꽃이라고 했는데 그게 아니었으니까. 하지만 곧 그것들이 내 꽃과는 다르다는 걸 알게 됐어. 내 꽃은 가시가 네 개밖에 없고, 성격은 오만하면서 잘난 척을 잘해. 좀 까다로운 꽃이지만 절대 흔한 꽃은 아니야. 거기다가 내가 매일 물을 주고 유리 덮개를 씌워 줬으니까 특별한 꽃이라고."

어린 왕자는 조그만 입을 오물거리며 힘주어 말했다. 내 말에 상처받은 것 같았다. 꽃을 다시 봤지만 뭐가 다르단 건지 내 머리로는 이해가 되지 않았다.

나는 노인을 바라보았다. '좀 어이없지 않아요?' 하고 눈으로 말하면서. 그런데 노인이 의외의 반응을 보였다.

"어린 왕자에게 장미꽃은 하나의 존재구나."

내 편을 들어 줄 줄 알았던 노인이 어린 왕자의 말에 깊이 공감하며 말했다. 장미꽃을 바라보는 노인의 눈은 감동의 바다에 빠져 허우적대는 것 같았다. 나는 실망했다. 그러나 어린 왕자도 노인이 한 말을 못 알아먹은 모양이었다. 까만 단추 같은 눈을 두어 번 깜박거리며 중얼거리고 있었다.

"존재?"

노인은 장미꽃 앞에 앉더니 거의 비명에 가깝게 소리를 내질렀다.

"오!"

주책없다고 생각했지만 굳이 말하지는 않았다. 나는 장미가 다 같은 장미지 뭐가 다르냐고, 그리고 아까부터 존재, 존재 하는데 도대체 그놈의 존재가 뭐냐고 따지듯 물었다. 절대 내 편을 들어 주지 않아서 심통이 난 것은 아니었다. 노인은 내 말에는 별로 신경 쓰지도 않고 장미꽃 앞에 쭈그리고 앉아 한참을 장미꽃과 두런두런 이야기를 나눴다. 그러더니 일어서서 우리를 봤다. 비로소 노인으로부터 존재가 무엇인지 들을 수 있었다. 노인, 아니 철학자가 한 말을 요약하면 이랬다.

"이 세상에는 수많은 사물이 있다. 사람, 꽃, 나무, 바위, 산. 이런 것을 사람들은 존재라고 부르는데 사실 존재는 눈에 보이지 않는다."

노인이 이렇게 말했을 때 어린 왕자가 느닷없이 외쳤다.

"맞아! 중요한 것은 눈에 보이지 않아!"

나는 눈이 동그래져서 어린 왕자를 쳐다봤다.

"여우가 말해 줬거든."

어린 왕자는 금빛 머리를 긁적이며 눈을 깜박였다. 노인이 말하기를, 사람들이 존재라고 부르는 것들은 존재자일 뿐이라는 것이다. 이 세상에는 눈에 보이는 것 말고 눈에 보이지 않는 것이 있는데, 사실은 눈에 보이지 않는 그것이 진짜라고 했다. 그 진짜가 바로 존재인 셈이었다. 그러니까 존재는 눈에는 보이지 않지만 존재자를 고유한 것으로 만들어 주는 근원적인 것이다. 감각이나 이론으로는 파악할 수 없는 고유함, 독특성 같은 것 말이다.

끝으로 노인은 장미꽃이 아무리 흔해도 어린 왕자의 장미꽃은 고유하고 유일하기 때문에 다른 장미와는 다른, 바로 존재하는 장미라고 강조했다.

"존재하는 장미."

어린 왕자가 노인의 말을 따라 하며 가슴에 새기고 있었다.

처음에는 노인의 말을 건성으로 들었는데 갑자기 내 가슴속에서 쿵 하는 울림이 울리더니 머릿속에서 산발적으로 흩어졌다. 그때 왜 형이 생각났는지 알 수 없었다.

**

형은 은수 누나를 만나지 못하는 날이 많아지자 내 방문을 두드렸다. 우리는 평소 대화가 별로 없었기 때문에 나는 의외의 방문에 놀라지 않을 수 없었다. 방에 들어온 형은 내 책장을 둘러보다가 어두운 목소리로 말했다.

"내가 도대체 존재하는 인간인지 알 수가 없어. 엄마 계획표에 맞춰서 살아가는 인형인 것만 같아 힘들어."

나는 아무 말도 하지 않았다. 형 같은 사람이 힘들다는 게 나로서는 이해할 수 없었으니까. 늘 칭찬만 받던 형이니 엄마한테 욕먹은 게 충격적일 수도 있었다.

'그래도 형 같은 사람이 이럼 안 되는 거 아닌가? 팔 부러진 사람 앞에서 손가락 다쳤다고 엄살 부리는 거랑 뭐가 달라?'

이런 생각이 들자 더 이상 형을 이해하고 싶지도 않아졌다.

형은 책상 위에 널브러진 내 하얀 도화지와 까만 붓, 아무렇게나 뿌려 놓은 색색의 물감이 가득한 팔레트를 찬찬히 훑어보다가 나와 눈이 마주쳤다.

"가끔 네가 부러워."

"어, 어? 뭐라고?"

나는 당황했다. 형처럼 되라고 엄마에게 항상 꾸지람을 들었고, 형처럼 되지 못해 열등감에 시달리던 내게 부러움이라니.

"넌 네가 하고 싶은 거 실컷 해."

"하고 싶은 거?"

"예를 들면 그림 같은 거."

형은 내 붓을 들어 하얀 도화지에 그림을 그렸다. 검은 새였다.

"날 수 있으면 좋을 텐데."

"왜?"

형은 대답 대신 나를 봤다.

"그림 잘 그려라."

그러고 돌아서는 형의 뒷모습이 왠지 쓸쓸해 보였다. 그때는 형이 말하는 존재가 무엇인지 알 수 없었고, 형이 극단적인 선택을 한 것도 이해하기 힘들었는데, 노인의 말을 듣다 보니 어렴풋이 알 것 같았다. 형이 느낀 절망의 실체를 말이다. 형에게 은수 누나는 자신이 존재하는 유일한 이유가 아니었을까? 형은 자신의 존재를 잃어버린 거라 생각한 게 아니었을까?

갑자기 깊숙한 어디선가 뜨거운 것이 올라왔다. 나는 장미꽃 앞으로 다가갔다. 눈물이 나려고 해서 좀 창피했기 때문이다. 그때 장미가 말했다.

"조심해. 나에겐 네 개의 가시가 있어. 널 찌를지도 몰라."

장미는 마치 엄청난 무기를 가진 듯 오만하게 말했다. 옆에 서 있던 어린 왕자가 장미의 말을 가로막으며 내 귀에 대고 속삭였다.

"사실 꽃이 저렇게 말하는 건 너에게 깊은 인상을 심어 주고 싶어서 그런 거니 오해하지 마."

내가 이해하지 못하고 있으니까 어린 왕자는 다시 설명했다. 자기도 자존심 강한 꽃과 오해가 있었지만 이제는 이해하게 되었다고, 자존심이 센 꽃이라 사소한 오해가 많다고 했다. 정말이지 독특한 존재들이다.

"존재가 뭔지 이해한 거냐?"

노인이 나를 보며 물었다.

"네, 알 것 같아요. 있는 것이지만 단순히 있지 않고, 유일무이한 독특함을 가진 채로 있는 것 아닌가요? 눈으로는 확인이 안 되지만 그것 자체인 것이오."

나는 확신 없는 어조로 말했다. 노인이 내 대답을 듣더니 고개를 끄덕였다. 내가 제대로 이해한 모양이었다.

"그럼 다시 물어보마."

나는 노인을 올려다보며 침을 삼켰다. 노인의 칼같이 예리한 눈을 보자 갑자기 긴장감이 몰려왔다.

"넌 존재하는 거냐?"

난데없이 나의 존재라니. 나는 그 말의 의미를 알 수 없어서 잠깐 침묵했다. 노인은 처음 나를 만났을 때 존재를 잃어버린 자들이 자신을 찾는 것 같다고 말했다. 그리고 형은 자신이 존재하는지 알 수 없다고 했다.

'나는 존재하는 걸까?'

역시 자신이 없었다.

"제가 존재하려면 어떻게 해야 하는데요?"

나는 대답 대신 질문을 선택했다.

"실존하는 인간만이 존재할 수 있다."

실존이라니. 또 알 수 없는 말이었다. 그때 어린 왕자가 소리쳤다.

"해 지는 걸 보러 가자! 난 오늘 해 지는 걸 서른세 번밖에 못 봤거든."

노인과 나는 서로 마주 봤다. 노인의 눈썹이 위로 빠르게 올라갔다 내려왔다. 어린 왕자는 꽃을 자랑할 때보다 더 들떠 있었다.

우리는 해 지는 걸 보기 위해 어린 왕자를 따라 다시 분화구 길로 향했다. 조금 걷다 보니 뒤에서 작은 기침 소리가 들렸다. 뒤돌아 보니 꽃이 쿨럭대고 있었다. 파란 잎사귀를 바르르 떨면서. 어린 왕자는 고개를 가로저으며 곧 올 테니 조금만 기다리라고 말했다. 그 말을 들은 꽃은 새침한 표정으로 다시 쿨럭댔다.

"해 지는 것만 보고 올 거야."

꽃은 슬퍼하면서 기침을 멈췄다.

"내 감기는 심하지 않아. 걱정하지 마."

꽃이 말했다.

노인은 눈썹을 위로 올렸고, 어린 왕자는 단추 같은 눈을 깜빡거렸으며, 나는 머리를 긁적였다.

"헤어지기 싫으니까 감기에 걸린 척하는 거야."

어린 왕자가 내 귀에다 대고 작은 소리로 소곤거렸다. 나는 꽃을 뒤돌아보며 존재에 대해 다시 정의 내렸다.

존재란 유별난 것이다.

[4] 《어린 왕자》는 프랑스 작가 앙투안 드 생텍쥐페리(Antoine de Saint-Exupéry, 1900~1944)의 작품이며 1943년에 발표되었다. 비행 도중 사막에 불시착한 '나'는 어린 왕자을 만나 양을 그려 달라는 부탁을 받는다. 어린 왕자는 소중한 장미꽃을 자신이 사는 별에 남겨 두고 여러 별을 여행한 후 지구에 왔다. 본질은 눈에 보이지 않는다는 것, 다른 존재를 길들여 인연을 맺는 일이 중요하다는 것을 여우를 통해 배우기도 한다.

5

우주를
바라보다

– 행성 B612, 연도 미상

어린 왕자의 별은 아주 작았다. 지구에 있는 보통의 집 한 채보다는 약간 컸지만 있는 거라곤 활화산 두 개와 사화산 하나, 바오바브나무 한 그루가 전부였다.

　어린 왕자를 따라 활화산 두 개를 지나자 사화산이 나왔다. 우리는 사화산에 등을 기대고 나란히 앉았다. 어린 왕자를 가운데 두고 노인과 내가 양옆에 자리를 잡았다. 등을 기대고 앉으니까 끝없는 우주가 눈앞에 펼쳐졌다. 순간 숨이 막혔다. 해가 기울면서 석양이 온 세상을 붉게 물들였는데, 마치 세상의 모든 빛을 다 모아서 뿌려 놓은 듯했다. 기묘한 색으로 온 우주가 출렁거리고 있었다. 어린 왕자는 너무 아름답다고 말하면서 울먹였다. 고개를 돌려 보니 어린 왕자의 얼굴에 박힌 단춧구멍 사이로 물방울이 뚝뚝 떨어지고 있었다.

　해가 지고 나니 이번에는 수억 개의 별이 일시에 반짝거리며 나타났다. 살면서 이제까지 본 별보다 더 많은 별이 한꺼번에 출몰한 것 같았다. 도화지가 있으면 이 별들을 다 그려 보고 싶다고 생각했다. 오랫동안 잊고 있던 내 그림들도 생각났다. 그 그림들은 아빠의 화실에서 먼지가 쌓인 채 점차 그 고유한 색을 잃어 가고 있겠지.

우주와 우주에 끝도 없이 펼쳐진 별이 나를 굉장히 사색적인 인간으로 만들어 주었다. 노인도 감동한 모양인지 계속 탄성을 내지르고 있었다.

갑자기 어린 왕자가 조그만 집게손가락으로 한 시 방향을 가리키며 말했다.

"저기 깜빡이는 별 보이지? 저게 소행성 325호야."

"저 별을 알아?"

"응, 알아."

"어떤 별인데?"

"저 별엔 모든 별을 다스리는 왕이 살아."

내가 묻자 어린 왕자가 답했다.

"넌 저 별에 가 봤니?"

어린 왕자는 고개를 위로 쳐든 채 끄덕였다.

"응, 난 여러 행성을 여행하면서 나 자신에 대해 고민했었거든."

"너 자신에 대해 고민했다고?"

"응, 누구나 그런 고민을 하잖아."

어린 왕자는 두 눈을 깜박거리며 말했다. 하지만 누구나 그런 고민을 하는 것은 아니었다. 나는 나 자신보다 어떻게 공부할지, 바닥에서 허우적대는 내 점수를 어떻게 끌어올릴지가 더 중요했으니까. 내가 저능아 같아서 고민한 적은 있었고, 형보다 열등해서 속상한 적은 많았지만 말이다. 하지만 중2가 되면서 내가 갈 학교가 정해졌고, 그때부터는 성적만이 내 고민의 이유였던 것 같다. 생각해 보니 그랬다.

어차피 내가 갈 길은 처음부터 정해져 있었고, 나는 잠시 방황했을 뿐이라고 병원에서 깨어난 엄마는 말했다. 그리고 이제 그 방황을 끝내야 한다고 설득했을 때 나는 엄마의 말에 기꺼이 수긍했다. 나는 나 자신이 아니라 성적이 더 중요했다고 어린 왕자에게 말했다. 그러나 어린 왕자는 잘 이해하지 못하겠는지 눈을 계속 깜박거리기만 했다.

"그게 왜 더 중요해?"

"거기 애들은 다 그러고 살아."

나는 어린 왕자에게 내가 사는 별의 일반적인 삶에 관해 이야기해 줘야겠다고 생각했다. 어린 왕자는 아무래도 삶이 복잡하다는 사실을 모르는 것 같았으니까.

"거기 사는 애들은 처음부터 어느 정도 정해진 삶이 있어. 그 삶은 보통 부모님이나 선생님이 정해 주고, 그들이 정해 준 규칙적인 삶 위에는 시험이라는 장벽이 곳곳에 있거든. 근데 시험 준비 안 하고 고민 같은 걸 했다간 낙오자가 되고 마니까, 그런 고민은 거의 안 하는 편이야. 일종의 규칙 같은 거지."

"너도 고민 안 했어?"

어린 왕자가 황당한 어조로 말했다.

"이해를 못 하나 본데, 그런 고민을 하면 쓸데없는 생각 말고 공부나 하라고 핀잔이나 듣는다니까? 나 역시 그런 불필요한 질문 때문에 피곤해지는 건 싫었고."

내 말을 듣던 어린 왕자는 이제 거의 경악에 가까운 표정으로 나를 쳐다봤다. 우리가 얘기하는 동안 별만 보는 것 같던 노인도 마찬가지 표정이었다. 노인은 몸을 일으켜 내 쪽으로 고개를 쑥 내밀며 큰 소리로 말했다.

"그건 실존하는 삶이 아니야."

"실존이요?"

"그래, 실존."

노인이 힘주어 말했다.

내가 실존이 뭐냐고 물어보니까 노인이 되려 질문을 던졌다.

"넌 혹시 너 자신이 왜 존재하는지, 존재하는 의미가 뭔지 스스로 질문한 적 없니?"

"어린 왕자처럼요?"

"그래. 어린 왕자가 여러 별을 돌아다니면서 자신의 존재를 고민했던 것처럼."

나 자신이 왜 존재하는지 고민하다니. 나는 그런 적이 없었다. 내가 왜 존재하는지보다 더 중요한 문제가 있었으니까. 학교에서 성적이 뒤처지면 애들이 무시할 거고, 엄마도 나를 인간 취급 안 할 거고, 무엇보다 어느 순간부터 인정받고 싶었다. 나에겐 그런 게 더 중요하다고 생각했다.

"모든 사람이 자신의 존재를 고민하고 사나요?"

"사람이니까."

내가 묻자 노인이 답했다.

"올챙이는 커서 개구리가 되고, 병아리는 커서 닭이 돼."

"애벌레는 커서 나비가 되고요."

노인이 말하자 어린 왕자가 덧붙였다.

"하지만 자기 자신이 왜 존재하는지, 자신의 존재 자체를 문제 삼는 건 인간밖에 없어."

나는 잠시 생각하다 다시 질문했다.

"인간은 왜 그래야 하죠?"

"인간은 무(無)로 태어나니까. 그냥 던져진 존재니까. 올챙이나 병아리처럼 어떤 존재가 될지 미리 정해진 게 없으니까."

노인이 두 번째 손가락을 좌우로 흔들며 대답했다.

"그걸 누가 정하는데요?"

"네가 정하는 거다."

노인이 나를 가리키며 말했다.

"그럼 자기가 어떤 존재가 될지 스스로 정해야 한다는 건가요?"

"자기가 스스로 기획하고 선택하는 삶. 그게 바로 실존이야."

노인은 인간이 다른 존재와 달리 자신의 삶을 스스로 결정한다는 점에서 '현존재'라고 했다. 그리고 스스로 선택해서 주체적으로 사는 현존재의 삶이 바로 '실존'이라고 엄청나게 강조했다. 그 무서운 눈을 부릅뜨면서. 지팡이를 툭툭 쳐 가면서.

그러나 아무리 생각해도 실존은 나랑은 거리가 먼 소리였다. 어릴 때부터 형과 나는 배우는 게 많았지만 스스로 정한 적은 없었다. 엄마는 항상 불시에 말하곤 했다.

"내일부터 피아노 학원 가. 롯데캐슬 상가 1층이야."

"다음 주부터 수학 학원 하나 더 다녀라. 우성아파트 사거리 코너에 있는 천재 수학 학원이야."

그러면 형과 나는 나란히 시끄럽기만 한 피아노 학원이라든가, 필요 없을 것 같은 수학 학원이라든가, 쓸데없이 기합 소리만 크게 내지르는 태권도 학원 같은 데를 다녔다.

형은 무엇이든 빨리 배웠다. 피아노 학원에서는 잠재력이 뛰어나니 피아니스트가 되어 보는 게 어떻겠냐고 했고, 수학 학원에서는 페르마 같은 천재라고 호들갑을 떨었으며, 태권도 학원에서는 국가의 위상을 높일 유망주라고 떠들어 댔다.

엄마는 그런 말을 들을 때마다 칭찬의 대상이 마치 자기라도 되는 듯 자랑스럽고 거만하게 말했다.

"우리 아이는 그냥 평범하게 대학 보낼 거예요."

형은 엄마의 기대 이상이었다. 문제는 나였다. 무엇을 배우든 시간이 오래 걸렸다. 물론 흥미도 의욕도 없는 게 문제였다.

"형은 일주일 만에 저 책 한 권 다 풀었었다."

"너는 머리도 안 좋은 게 운동도 못 하면 어쩌란 거니?"

엄마는 이런 말을 주저 없이 했다. 엄마는 내가 전기 자극을 주면 벌떡 일어나는 심장 마비 환자라도 되는 듯 끊임없이 나를 자극했다. 그럴 때마다 오히려 의욕만 없어지는 걸 모르는 것 같았다. 자극은 그치지 않았다. "형 좀 보고 배워."라든가 "형 반만 따라가." 같은 귀에 못이 박이도록 들은 말들.

나는 점점 모난 시선으로 세상을 보게 되었고, 형이 죽어 버렸으면 좋겠다는 무서운 생각도 했다. 음지에서 이끼가 자라듯 열등감은 그렇게 만들어졌다.

그때 나를 구원해 준 것은 아빠였다. 아빠는 어릴 때의 자신을 떠올리며, 공부시키는 건 큰애 하나로 만족하자고 엄마를 설득했다. 엄마는 아빠의 태도가 마음에는 안 들었지만, 아빠가 그런 제안을 한 적이 없었으므로 적당한 선에서 타협을 보았다. 학원 대신 화실에서 아빠의 지도를 받는 것이 부모님이 정한 타협의 선이었다.

같이 학원 다닐 일이 없어진 형과 나는 얼굴 마주칠 일도 점점 줄어들었다. 나로서는 다행이었다. 하지만 형의 그늘에서 벗어나기는 힘들었다.

"네가 민수, 그 전교 1등 하는 아이 동생 맞지?"

동네 아줌마들은 나에게 그렇게 말했다. 그럴 때마다 나는 "아닌데요" 하면서 시큰둥하게 말하고 지나갔지만, 속으로는 형이 없어져 버렸으면 좋겠다고 생각했다. 민수 동생으로 사는 게 지겨웠다. 형은 빛이었고 나는 그늘이었다. 형이 천재면 나는 저능아였다. 그런 생각에서 벗어나기 힘들었으므로 형에 대한 존경이라든가 호감 같은 건 기대할 수 없었다.

'엄마 아빠의 좋은 유전자는 다 갖고 태어난 새끼, 그래 너 잘났다.'

나는 혼잣말로 형을 저주했다.

이상한 건 형이었다. 세상의 모든 찬사와 부러움을 다 받고 사는 녀석이 늘 우울하면 어쩌란 걸까? 형은 그런 것엔 관심도 없다는 듯 이어폰을 끼고 다니면서 세상으로부터 자신을 격리했다. 가끔 혼자 옥상에 올라갔다 내려오는 적도 있었는데, 그럴 때는 노래를 부르는 것 같았다.

신의 축복을 받고 태어난 형은 노래도 잘했다. 하지만 엄마가 좋아하는 노래가 아니라는 게 문제였다. 형이 선호한 건 성악이 아니라 대중음악이었다. 엄마의 취향이 아닐뿐더러 엄마의 의식 속에서 음악 축에도 못 끼는 분야였으니, 엄마가 그것을 쉽게 허락할 리 없었다. 형은 장차 가게 될 대학에 필요한 공부만 허락받았다. 그 이상도 이하도 절대 용납되지 않았다.

그것이 형을 지치게 했을까? 노인의 말을 듣기 전에는 전혀 이해하지 못했던 형이라는 존재. 실존이라든가 주체성이 인간에게 주어진 기본 조건이라면, 형은 어쩌면 자신의 힘으로는 아무것도 선택할 수 없는 상황을 견디기 힘들었을지도 모른다. 형이 생전에 자기 스스로 선택한 건 죽음밖에 없었으니까.

**

"우는 거야?"

어린 왕자가 조그만 손으로 내 뺨에 흐르는 물기를 닦고 있었다. 나도 모르는 사이에 눈물이 흐른 것 같았다.

"왜 울어?"

어린 왕자가 슬픈 목소리로 울먹였다.

"별 때문에. 너무 예쁘잖아."

나는 어린 왕자의 손을 뿌리치며 말했다.

'젠장. 사내자식이 쪽팔리게 질질 짜다니.'

그 무엇도 선택할 수 없는 삶, 엄마의 계획에 따라 움직이는 자동인형, 터질 것 같은 압박감. 그런 것들이 형을 힘들게 한 것 같다고 나는 생각나는 대로 말했다. 노인은 내 이야기를 심각하게 듣고 있었다.

"비본래적 삶은 자신의 존재를 잃어버린 삶이니까."

"비본래적 삶이요?"

"인간은 사회가 요구하는 틀에 우선은 맞춰 사니까, 보통 자신의 가능성보다 사회의 요구가 우선이 되거든. 하지만 그건 비본래적 삶일 뿐이야."

"뭐가 중요한 건지도 모르고."

노인의 말을 듣던 어린 왕자가 시무룩하게 말했다.

"소행성 325호에 갔을 때 그곳을 다스리는 왕은 나한테 신하가 되라고 했어."

"그래서 넌 뭐라고 했어?"

"난 늙은 쥐한테 사형 선고를 내리는 신하가 되는 건 싫다고 말했어. 왕이 나한테 그걸 원했거든. 난 그러고 싶지 않았어. 그래서 그곳을 떠나려고 했더니 이번에는 대사를 하라고 했어. 어른들은 정말 이상해. 내가 뭘 원하는지 물어보지 않아."

내가 고개를 끄덕이자 어린 왕자가 다시 말했다.

"그다음엔 소행성 326호에 갔어. 저기 깜빡이는 별 보이지? 저 별에는 허풍선이 아저씨가 살아. 내가 거기 갔을 때 허풍선이 아저씨는 나한테 박수를 치라고 했어. 찬미 받고 싶다고 막 박수를 치라는 거야. 하지만 난 그럴 생각이 없어서 이번에도 그 별을 조용히 떠나야 했어."

"이상한 아저씨네."

나는 허풍선이의 허풍을 떠올리며 웃었다.

"맞아. 그리고 다음엔 사업가의 별에 갔는데, 그 아저씨도 별반 다르지 않았어. 그 사업가는 자기가 별을 소유하고 있다고 말했어. 별을 소유해서 그것을 은행에 예치하는 게 제일 중요하니까 나랑 말할 시간도 없대. 난 그게 중요하다고 생각해 본 적이 없는데 말이지. 내가 만난 어른들은 다 이상했어. 왜 중요하지도 않은 일 때문에 인생을 허비하는지 모르겠더라고."

틀린 말은 아니었다. 우리 집에 사는 어른도 이상하긴 마찬가지였다. 이어서 노인이 말했다.

"내가 나 자신의 고유한 삶을 살지 않고 세상의 틀에 맞춰 산다면 그건 비본래적으로 사는 거야. 다른 사람의 삶을 산다는 점에서 자신을 잃어버린 삶이고."

"그럼 제가 살아왔던 삶도 비본래적 삶인가요?"

"그걸 네가 원해서 그렇게 한 거니?"

나는 고개를 저었다.

"그럼 비본래적 삶을 살았다고 말하는 게 맞겠구나. 아니 너 자신을 잃어버린 삶을 살았다고 하는 게 더 정확하겠지."

나 자신을 잃어버린 삶이라니. 갑자기 기운이 탁 꺾였다.

"세상 사람들은 호기심, 잡담, 애매성 속에서 자기 존재를 잃어버리고 살아. 새로움만 찾아다니는 호기심, 존재의 의미를 묻지 않는 잡담, 존재에서 멀어지는 애매성 말이지. 그건 떠다니는 삶이고 평균화된 삶일 뿐이야."

모두가 똑같아지려고 애쓰고, 남들이 하니까 따라 하고, 나 자신이 아니라 다른 사람의 삶을 사는 것. 노인의 말에 의하면 존재를 잃어버리고 사는 삶이었다. 노인은 그런 삶은 진짜 자신의 삶이 아니라고 했다.

그러자 중학교에 들어간 첫날이 기억 속에서 모습을 드러냈다. 나보다 한 학년 위였던 형은 이미 학교에서 유명한 학생이었다. 각종 경시대회에서 상을 받는 것은 물론이고, 학교 시험에서도 늘 1등을 놓치지 않았으니 유명한 건 당연했다.

"네가 민수 동생이지? 형 닮아서 공부 잘하겠네."

처음 만난 담임 선생님은 나에게 그렇게 말했다. 같은 반 친구들 역시 다르지 않았다.

"네가 전교 1등 민수 형 동생이라며? 형은 맨날 몇 시까지 공부해?"

사람들은 알지도 못할뿐더러 관심도 없는 이야기를 지치지도 않고 했다. 그러다 보니 이유는 달랐지만 나도 어느새 유명한 학생이 되어 있었다.

엄마를 포함한 선생님과 친구들의 기대가 산산조각이 난 건 중간고사가 끝난 뒤였다. 엄마는 그때 처음 둘째 아들이 첫째 아들과는 많이 다르다는 것을 알고 안절부절 못했다. 성적표를 쥔 엄마의 손이 수전증 환자처럼 떨리고 있었다. 정말 내 성적표가 맞냐고 거듭 확인하면서. 이런 성적표를 보게 될 줄은 몰랐다고 계속 면박을 주면서.

나도 그때 알았다. 내 머리가 그 정도일 줄은. 처음 받은 성적표에는 전교 200등이 찍혀 있었다. 학교에서 중간 정도의 경계선에 위태위태하게 서 있는 내 점수를 보고 정작 괴로운 건 나였다. 앞으로 내 인생이 위태로워질 것 같다는 막연한 불안감도 겹쳐 왔다.

불굴의 의지를 가지고 태어난 엄마는 나를 포기하지 않았다. 그리고 그것을 증명이라도 해 보이려는 듯 엄마는 나를 앉혀 놓고 특별 과외에 들어갔다. 엄마는 자연수와 실수가 어떻게 다른지, 무게 중심에서 작용점과 힘점이 어떻게 중요한지, 그런 것들을 날마다 지치지도 않고 설명했다.

그러나 그것들은 내 머릿속에만 들어오면 자리를 잡지 못하고 공중에서 풀풀 날아다녔다. 자연수는 허수랑 자리를 바꾸고 허수는 실수랑 섞이면서 뒹굴다가 어디론가 사라져 버리기 일쑤였다.

"아까 속력 구하는 공식이 뭐랬지?"

"네? 이동 거리랑 시간을 곱한다고 했나?"

나는 힘들게 입을 열었다. 그러나 내 대답이 끝나자 책 위에 올려놓은 엄마의 두 손이 바르르 떨리기 시작했다.

"아니, 저번 주부터 세 번, 네 번, 다섯 번은 얘기한 것 같은데 왜 기억을 못 해? 바보 천치니? 단위 시간당 이동한 거린데 그걸 왜 곱해? 상식적으로 그게 말이나 돼? 너 내 아들 맞니? 어떻게 이럴 수가 있어?"

결국 엄마는 화를 주체하지 못하고 밖으로 나가 버렸다. 나는 더 화가 났다. 처음에는 나 때문에 화가 났고, 그다음에는 형의 동생으로 태어난 게, 마지막으로는 엄마의 아들로 태어난 게 화가 났다. 하지만 화가 한풀 꺾이고 나자 슬며시 걱정과 초조함이 밀려왔다. 달력에 쳐진 동그라미 때문이었다. 다음 주 수요일. 그 날짜에 선명하게 빨간색으로 그려진 동그라미는 조용히 외치고 있었다. 곧 기말고사라고.

기적만이 내가 바랄 수 있는 유일한 구원이었다. 1교시 국어 시험은 그럭저럭 치를 수 있었다. 맥락 없이 닥치는 대로 외웠고 막무가내로 읽으면서 반복했는데, 그나마 그것들은 머릿속에 남아 있다가 문제를 푸는 도구가 되어 주었다.

문제는 2교시였다. 수학 문제를 앞에 두고 나는 다리를 심하게 떨었다. 소인수분해를 하다가 소수와 인수가 또 막 섞이기 시작했다. '소수로 나타내라'고 명령하는 시험지 앞에서 내 머리는 인수를 출력하는 식이었다. 그걸 깨달았을 때쯤엔 '소수가 뭐였더라?' 하다가 머릿속이 하애졌다.

내 다리의 진동이 심해지자 앞자리에 있던 녀석이 의자를 바투 끌어당겨 앉았다. 나는 흠칫 놀라며 고개를 들었다. 그때야 교실의 상황이 눈에 들어왔다. 모두 고개를 푹 숙인 채 받아 든 시험지와 겨루고 있었고, 시험 감독 선생님은 나와는 사뭇 떨어진 곳에 서서 막 실연한 사람처럼 멍하니 창밖을 내다보고 있었다. 선생님의 뒷모습을 보다가 다시 내 시험지로 시선을 옮겨 왔다.

그게 내 눈에 들어온 건 그때였다. 모범생답게 잘 써 내려 간 민규의 수학 답안지였다. 그것은 대각선에서 내 눈을 향해 뚜렷이 얼굴을 내밀고 있었다. 답안지에 적힌 정답에 선을 긋자 그것은 하나의 도형이 되어 내 머리에 각인되었다. 한순간이었지만 나는 단 한 문제도 놓치지 않고 선을 그렸다. 그리고 그 선을 따라 내 답안지에 마킹했다. 최대한 침착하고 정확하게 하나하나 옮겼다.

어떤 두려움도 죄책감도 없었다. 그냥 형처럼 점수를 잘 받아 보고 싶다는 욕망만이 나를 다그치고 있었다.

**

"저는 그때 형이 되고 싶었던 것 같아요."

나는 노인에게 고백했다. 이제까지 누구에게도 말한 적이 없는 비밀이었다.

"그런데, 이상했어요."

그날 시험을 치르고 집에 온 나는 심하게 앓아야 했다. 몸에서 열이 나고 온몸이 떨려 왔다. 방문을 걸어 잠그고 이불을 뒤집어쓴 채 끙끙 앓았다. 해열제를 먹어도 열은 쉽게 내리지 않았다. 이불 속에서 심장 박동 소리를 귀로 들으면서 이상한 기분을 느껴야 했다.

"심장 소리를 듣다 보니, 이상하게 내 안이 텅 빈 것 같은 기분이 들었어요. 갑자기 섬뜩했어요. 심장 소리가 북소리처럼 들렸거든요."

노인이 나를 보며 눈썹을 추어올렸다

"죄책감을 느꼈다거나 양심에 찔렸다는 게 아니고요……."

나는 한숨을 쉬다가 다시 말했다.

"제가 사라지고 그 자리를 다른 사람이 차지해 버린 것 같은 이상한 기분이 들던데요."

"다른 사람 누구?"

"형이요."

"그렇구나."

"그 이후로 저 자신으로 살았다는 느낌을 받은 적이 없는 것 같아요. 다른 사람의 삶을 애써 흉내 내고 있다는 끔찍한 생각이 들었어요."

노인이 힘없이 고개를 끄덕였다.

"정말 형을 흉내 냈어?"

내 말을 듣고 있던 어린 왕자가 믿기지 않는다는 듯 물었다.

"응. 그때는 몰랐지만 지금 생각하니까 그랬던 것 같아. 형을 흉내 내느라고 시험 시간에 그런 짓도 했겠지. 악마한테 영혼을 팔아 버린 기분이라고 해야 하나. 아무튼 그러고 나서는 스스로 형의 그림자가 돼 버린 것 같아. 나라는 존재는 악마한테 줘 버리고 형의 그림자를 자처한 거지."

나는 의기소침하게 말했다.

그런데 형도 그랬을까? 형과 나는 너무나도 다르다고 생각했는데 사실은 공통분모가 있었을지도 모른다. 자신의 삶이 아니라 다른 사람의 삶을 마치 아바타처럼 흉내 내고 있었다는 공통점 말이다. 겨우 찾아낸 게 하필 그런 거라는 것이 유감일 뿐이었다.

나는 나대로 형은 형대로 다른 사람을 흉내 내느라고 자기 자신을 잃어버린 줄은 미처 모르고 있었던 것 아닐까? 늘 우울했던 형의 얼굴을 이해할 수 없었는데, 이제야 조금 알 것 같았다. 형 역시 자신의 존재를 잃어버리고 힘들었던 것이다.

나는 노인을 향해 질문했다.

"제가 그랬던 것처럼 형도 자신의 삶이 아닌 다른 사람의 삶을 사는, 그런 비본래적 삶이 힘들었던 걸까요?"

"아마도 그랬겠지."

노인이 지팡이를 바닥에 툭툭 쳐 가면서 말했다.

6

여우가 찾아오다

- 행성 B612, 연도 미상

멀리서 바스락거리는 소리가 희미하게 들려왔다. 여섯 개의 눈동자가 동시에 활화산 쪽을 향했다. 활화산 분화구 위로 갈색 꼬리의 꽁지 같은 게 어른거렸다. 그 기다란 꼬리는 점차 자신의 형체를 드러내면서 우리를 향해 다가오고 있었다.

우리는 모두 숨을 죽인 채 갈색 꼬리가 가까이 다가오는 모습을 지켜보았다. 옅은 갈색 털을 가진 짐승이었다. 커다란 두 귀는 위로 쫑긋 올라가 있고 동글동글한 두 눈이 개를 닮았는데, 주둥이는 고양이처럼 뾰족했다.

몸집이 어린 왕자만큼이나 작은 동물은 이제 완전히 모습을 드러내고 있었다. 뭘까? 어린 왕자는 이 별에서 혼자 산다고 했는데, 애완용 우주견인가? 정체 모를 짐승의 등장이 당황스러웠다.

그때 정적을 가르고 어린 왕자의 목소리가 들렸다.

"여우다! 여우다, 여우!"

어린 왕자는 갑자기 일어서더니 옷을 나풀거리며 제자리에서 빙

글빙글 돌았다. 가까이 다가온 여우는 어린 왕자 주위를 한 바퀴 돌았다.

"안녕!"

여우가 말했다.

"안녕!"

어린 왕자가 감격한 표정으로 말했다. 어린 왕자는 얼마나 감격했는지 한참이나 여우를 바라보며 말을 잇지 못했다.

"네가 길들여 줘서 난 행복했어."

어린 왕자가 여우의 갈색 털을 쓰다듬으며 말했다.

"나는 밀밭의 금빛을 볼 때마다 널 생각했어. 미리 얘기하고 오려고 했는데 얘기할 방법이 없었어."

여우가 어린 왕자에게 말했다. 어린 왕자는 믿기지 않는다는 듯 두 눈을 비비고 다시 여우를 봤다. 그리고 노인과 나를 보며 말했다.

"여우는 내 친구야. 인사해."

노인은 눈웃음을 지었고, 나는 손을 흔들었다. 어린 왕자는 여우에게서 눈을 떼지 않은 채 우리에게 말했다.

"여우는 나에게 관계를 맺는 게 어떤 건지 알려 줬어. 여우를 만나지 않았다면 장미꽃이 나에게 얼마나 소중한 존재인지 깨닫지 못했을 거야. 난 지구에 있는 수만 송이의 장미를 보고 실망했거든. 하지만 여우는 그 수만 송이의 장미가 공허한 거라고 말해 줬어. 그

애들은 내가 물을 주지도 않았고, 유리 덮개를 씌워 주지도 않았으니까."

"관계를 맺는 게 어떤 건데?"

내가 질문했다.

"관계를 맺는 건 길들이는 거야. 그리고 특별해지는 거지."

"우리는 서로 길들였기 때문에 서로가 필요한 존재가 되었다는 걸 깨달았어."

여우와 어린 왕자가 말했다.

"그냥 단순한 여우가 아니구나."

"현존재는 세계-내-존재니까."

내 말에 노인이 답했다. 그리고 인간(현존재)은 자기 혼자 고립된 채 존재하지 않고 자신을 초월해 세계 속에 존재한다고 했다.

"초월이요?"

"그래, 초월. 여기서 초월은 나를 벗어난다는 뜻이고."

인간은 나를 벗어나 세계 속에 존재하니까 세계-내-존재라는 것이다. 노인은 우리가 세계에서 만나게 되는 사물은 모두 도구 연관 관계를 맺는다고 했다. 우리는 사물을 만날 때 어떤 것을 만든다든가, 사용한다든가, 살펴본다든가 하는 방식으로 관계를 맺는다. 사물을 만날 때 객관적인 관찰자의 입장에서 파악하는 것이 아니라, 하나의 도구로 먼저 만나는 것이다. 이것이 바로 도구 연관 관계라고 했다.

"활화산을 밥 지을 때 사용하는 것처럼?"

노인의 말을 듣던 어린 왕자가 눈을 두어 번 깜박거리며 말했다. 노인은 웃으며 고개를 끄덕였다.

"활화산을 그냥 활동하는 화산이라고 하면 그것은 객관적 사물이지만, 밥을 지을 때 사용한다면 하나의 도구가 되는 거겠지. 우리가 세계에서 만나는 사물은 그런 식으로 서로 관계 맺고 있다고 보면 돼."

"사화산은 쉴 때 카우치처럼 사용하고요."

노인의 말을 듣던 어린 왕자가 사화산을 가리키며 말했다.

"그래. 그것도 도구 연관 관계지."

노인은 모든 사물이 다 그렇게 연관되어 있다고 했다.

"못은 나무를 이어 주는 도구고, 나무는 다시 가구를 만드는 도구가 되는 거고."

"가구는 다시 옷을 넣는 도구가 되는 거죠?"

내 물음에 노인의 설명이 이어졌다.

"우리가 대상을 볼 때 대상에 대한 판단을 먼저 하는 것은 아니야. 예를 들어 집을 보고 '사람이나 동물이 추위, 더위, 비바람 따위를 막고 그 속에 들어 살기 위해 지은 건물'이라고 판단하지는 않잖아? 그런 판단 이전에 집은 내가 일상을 사는 곳이라든가, 내가 가족과 함께 사는 공간이라고 생각하지. 이렇게 사물은 나와의 관계 안

에서 존재한단다. 그래서 우리는 세계-내-존재인 다른 사물과 도구
연관 관계를 맺는 거야."

"혼자 고립되지 않고 나를 벗어나 세계 속에 있으니까 다른 사
물을 만난다는 거죠?"

노인은 고개를 끄덕이며 말했다.

"하지만 우리가 세계에서 만나는 것은 사물만 있는 게 아니야."

나와 어린 왕자는 노인을 쳐다봤다.

"우리가 세계에서 만나는 것은 또 다른 인간인 타인도 있으
니까."

"다른 사람 말인가요?"

"응. 예를 들어 보트를 만드는 사람은 보트만 만드는 게 아니라
그것을 탈 사람도 미리 생각하겠지. 그렇게 세계에서 만나는 것은 타
인도 포함되어 있다고 보면 돼."

"하지만 저는 이 별에서 혼자 외롭게 사는걸요."

노인의 말을 듣던 어린 왕자가 시무룩하게 말했다.

"외롭다는 것 역시 인간이 타인과 더불어 산다는 증거 아닐까?
인간이 원래 혼자라면 외로움은 느끼지 않을 테니까."

노인이 말하자 어린 왕자가 고개를 끄덕이며 조그맣게 탄성을
질렀다. 생각에 잠겨 있던 노인이 다시 말했다.

"그러니까 인간은 자기 밖에 있고, 자기 밖에 있으니까 세계 안

에 있다는 거고, 세계 안의 사물이나 타인들 곁에 있다는 건데……."

여기까지 말하고 노인의 표정은 좀 어두워졌다.

"그런데 사실 세계가 도구 연관 관계라는 점에서 문제가 발생하기도 하는 것 같아."

"어떤 문제요?"

"인간이 도구에 종속되어서 자기 자신으로 살아가지 못하기도 하니까."

노인은 한숨을 뱉어내듯 말했다. 나는 곰곰이 생각하다 질문했다.

"아까 말한 비본래적 삶이 도구에 종속된 삶인가요?"

"그렇지. 우리는 사물이나 세상 사람들과 더불어 존재하니까 그것들에 종속되어 살아갈 수밖에 없겠지. 세계에서 호기심, 잡담, 애매성 속에 우선은 살아갈 테니."

"유행에 따라 사는…… 뭐 그런 거요?"

노인이 천천히 고개를 끄덕였다.

"우리가 사는 곳은 일상적인 세계인데, 일상적인 세계의 삶은 타인을 모방하는 삶이거든. 타인을 따라 유행을 좇아 살다 보면 자신도 모르는 사이에 존재를 잃어버리게 되지."

"그래서 아까 존재에 대해 질문하는 것이 중요하다고 한 건가요?"

"기억하고 있구나. 타인을 모방하는 건 비본래적 삶이니까 거기에서 벗어나기 위해, 그러니까 본래의 존재가 되기 위해 '존재 물음'이 필요한 거야."

그 물음 없이는 세상 사람들의 평균적 삶에 섞여 자신의 존재를 잃어버리고 말 테니까 존재 물음이 중요한 거라고 노인은 거듭 강조했다.

생각해 보니 내가 공부를 하면서 '이게 아닌 것 같다'는 막연한 불안을 느낀 것도 거기서 비롯된 게 아니었을까 하는 의구심이 들었다. 내가 중요하다고 생각해서 선택한 것이 아니라 남들이 다 하니까 울며 겨자 먹기로 하는 공부, 그리고 그런 공부를 하는 인생. 갑자기 한숨이 나왔다.

그때 어린 왕자 옆에 앉아서 우리 얘기를 듣던 여우가 일어섰다.

"난 이제 가 봐야 할 것 같아. 여기엔 닭이 없어. 사냥꾼이 없어서 좋긴 하지만, 닭이 없으면 난 굶어 죽을 거야."

"완벽한 곳은 없으니까……."

어린 왕자가 슬픈 목소리로 말했다.

"마음이 아프지만, 항상 널 그리워할 거야. 눈에 보이지 않아도 내가 네 옆에 있다는 걸 믿어 줘."

여우는 어린 왕자의 주위를 한 바퀴 돌면서 말했다. 여우가 떠나자 "안녕"이라는 소리가 유성처럼 멀어지고 있었다. 그 소리에 이어 불현듯 엄마의 목소리가 들려왔다.

"그럼 그만 그리고 외고 가라."

병원에서 막 깨어난 엄마의 목소리였다. 나는 그 난데없는 목소리의 울림 속에서 복잡한 감정을 느껴야 했다. 공부는 자신 없었고 하고 싶지도 않았다. 하지만 동시에 엄마의 관심을 독차지하게 되었다는 부적절한 기쁨이 악마처럼 고개를 내밀고 있었다. 거기에는 나에 대한 실망과 형에 대한 미안함도 뒤섞여 있었다.

비뚤어진 희망은 그렇게 찾아왔다. 기필코 해내겠다는 의지도 불타올랐다. 학교와 학원을 오가면서 잡식성 동물처럼 책을 읽어 내려갔고, 밤늦게까지 공부하는 날이 많았다.

하지만 꿈을 꾸고 일어난 날은 이상하게 아무것도 하기 싫었다. 꿈속에서 나는 아빠의 화실에 있었다. 빛을 그리고 있는 나. 휘어져 오는 빛의 각도를 따라 그 엷은 빛을 캔버스에 옮기는 나. 나는 행복해 보였다. 꿈을 꾸고 일어난 날은 책상에 앉아 공부하는 나와 꿈속의 내가 서로를 부정하며 싸웠다.

공부하는 나 :
"그림 따위로 누구의 인정을 받겠다는 거지?"

꿈속의 나 :
"네가 정말 공부를 원해서 하는 거라고 생각해?"

한 치의 양보도 없이 서로를 밀쳐 냈고, 그런 날은 책장 한 장도 넘길 수가 없었다.

그 무렵 지수를 발견했다. 발견했다는 말이 맞을 것이다. 이상하게 한 반에 있으면서도 이전에는 녀석의 얼굴을 본 적이 없었으니까. 지수는 쉬는 시간에조차 그림을 그리고 있었다. 나는 수업을 듣다가도 무의식중에 뒤를 돌아다봤다. 녀석의 얼굴은 행복으로 넘쳐 나고 있었고, 나와 눈이 마주칠 때면 엷은 미소를 짓기도 했다. 반가움 같기도 하고 조소나 희롱 같기도 한 웃음이었다. 그런 날은 알 수 없는 섬뜩함을 느껴야 했다.

"섬뜩할 수밖에 없었겠지."

내 말을 다 들은 노인이 말했다.

"무엇 때문에요?"

"존재에 대한 불안 때문에. 인간에게 단 하나 확실한 것은 언젠가는 죽는다는 사실이야."

노인은 말했다. 인간은 유한한 존재다. 인간이 태어나자마자 죽음으로 향해 가는 존재인 한 불안은 떨쳐버릴 수 없다. 불안은 평소에는 의식되지 않지만 우리 의식의 밑바닥에 항상 숨어 있다. 그러나 언젠가는 죽는 존재인 인간이 무슨 이유로 이 세상에 던져졌는지는 아무도 모른다는 게 문제였다. 불안이라는 기분은 죽음 앞에서 우리가 집착해 온 모든 것들이 무의미하다는 것을 드러내면서 우리를 고통스럽게 한다.

"그러한 무의미를 포착하는 것이 바로 불안이다."

노인은 불안에서 무의미를 발견한다는 점에서 불안이 중요한 감정이라고 강조했다.

"불안이 중요하다니요?"

어린 왕자가 이해를 못 하겠다는 표정으로 말했다. 이해하지 못한 것은 나도 마찬가지였다.

"공부하면서 이런 게 다 무슨 소용인가 스스로 질문한 적 없었니?"

물론 있었다. 특히 꿈을 꾸고 일어난 날은 학교에 가서 정해진 공부를 해야 한다는 게 끔찍할 정도였으니까. 솔직히 그런 날은 학교에서 시체처럼 자기도 했다.

"의미 없다고 생각하는 것이 바로 불안이야. 그래서 불안이라는 감정이 중요한 거고."

"의미 없다고 생각하는데 그게 왜 중요해요?"

"이제 의미 있는 걸 찾을 거니까."

"의미 있는 거요?"

"응, 의미 있는 단 하나."

"그게 뭔데요?"

"너의 존재 가능."

노인이 다시 말했다.

"바로 너의 존재 가능을 향한 본래적 존재를 찾겠지. 언젠가는 죽는다는 사실 앞에서 계속 무의미한 짓을 하고 있을 사람은 없지 않을까? 만약 내일 죽는다고 하면 넌 무엇을 하겠니?"

내일 죽는다면 나는 이 별을 그리고 있을 것 같았다. 어차피 죽는 거 하고 싶은 거나 실컷 하고 죽으면 그만이었다.

"아!"

내가 소리치자 노인이 나를 쳐다봤다.

"그러니까 비본래적 삶에서 빠져나와 자신의 고유한 존재로 향하게 된다는 말인가요?"

"맞아. 미래를 향해 자기를 내던져 기획하는 거지. 그때 고유한 자기를 향한 발걸음이 시작되는 거고. 그게 바로 불안을 통한 자기 결단이란다."

"아, 불안을 통한 자기 결단……."

노인의 말에 의하면, 우리는 불안을 통해 그동안 집착해 온 가치들이 얼마나 무의미한지를 깨닫게 된다. 그것을 통해 본래적 인간으로 거듭날 수 있다. 세상 사람들이 중요하다고 떠드는 가치에 연연하지 않고, 그것으로 자신을 평가하지도 않고, 유일무이하고 충만한 존재로 거듭나는 것. 이것이 불안을 통해 가능하다고 노인은 강조했다.

머릿속으로 갑자기 섬광이 스쳐 갔다. 뭔가를 놓치고 살았는데, 이제 그 실체를 붙잡을 수 있을 것 같다는 막연한 기대감이었다. 내가 놓치고 있었던 것은 노인의 말대로 유일무이한 나의 존재였을지도 모른다. 나의 존재뿐만 아니라 형의 존재도.

"자기…… 결단……."

나는 나도 모르게 노인의 말을 따라 하고 있었다. 그리고 노인을 보며 조심스럽게 말했다.

"저는 그림을 그리고 싶었던 것 같아요. 열세 개의 빛을 그리고 싶었거든요."

노인이 나를 바라봤다.

"나는 빛이 열두 개라고 생각했는데, 나보다 더 섬세한 눈을 가졌구나."

노인은 대수롭지 않게 말했다. 이런 반응은 처음이었다. 내가 똑같은 말을 했을 때 엄마는 저능아처럼 굴지 말라고 막 째려봤고, 민규는 잠을 좀 자는 게 어떠냐고 심각하게 말했었다. 나는 어쩐지 이 노인, 아니 철학자와 친해질 수 있을 것 같았다.

곧이어 이런 생각이 들었다. 열세 개의 빛을 따라 나도 새롭게 내 존재를 찾을 수 있을지 모른다고. 아빠의 화실에서 보냈던 시간들이 뭉글뭉글 모습을 드러내고 있었다. 그것은 단순히 가두어진 시간이 아니었다. 그때의 나는 비본래적 존재가 아니라 본래적 존재였을지도 모른다. 거기에 버려진 것은 내 그림이 아니라 내 존재일지도 모른다.

"그렇구나."

내 말을 들은 어린 왕자가 대답했다. 나는 이어서 말했다.

"어쩌면 지수가 부러웠을지도 모르겠어. 항상 그 녀석을 의식하고 있었거든."

"지수가 누군데?"

"친구."

"지수가 사라졌어?"

"응."

"왜?"

"모르겠어. 어느 날 갑자기 사라져서 나도 행방을 알 수가 없어."

"지수를 왜 찾으려고 해?"

나는 당황한 나머지 "친구니까."라고 말했지만 자신이 없었다. 나는 왜 지수를 애타게 찾고 있는 걸까? 사실 나도 잘 모르겠다. 내가 지수를 찾는 이유가 뭔지.

처음 그 녀석이 내 신경을 건드린 건 아침 조회 시간이었다. 그날 담임 선생님은 우리 반이 중간고사에서 1등을 놓친 원인을 찾아냈는지 흥분한 기색으로 성급히 들어왔다.

"아무래도 매일 꾸준히 공부하지 않은 것이 원인인 것 같아. 내

일부터는 7시 반까지 전부 모여서 30분 동안 방송 강의를 시청할 거야. 다들 늦지 말고 와."

선생님은 뒤로 단단히 묶은 머리 때문에 눈꼬리가 올라가서 그런지 화난 사람처럼 보였다. 여기저기서 자그만 탄식 소리가 들렸지만 아무도 이의를 제기하지 못했다.

"다 너희들 잘되라고 하는 거야. 30분 동안 매일 학습하면 일주일에 150분이야. 그걸 1년으로 따져 봐. 어마어마한 공부량이지, 안 그래?"

선생님은 마치 우리가 30분의 공부량이 부족해서 성적이 떨어진 것처럼 흥분하며 말했다. 그때 맨 뒷자리에서 "선생님" 하고 부르는 소리가 들렸다. 우리는 일시에 뒤를 돌아봤다. 선생님도 칠판에 그날 일정을 적다가 돌아보며 무슨 일이냐고 물었다.

"선생님, 저는 그 시간에 못 나옵니다."

목소리의 주인공은 지수였다. 우리는 모두 지수를 쳐다봤다. 평소 조용하던 애가 웬일이냐고 수군거리는 목소리가 들렸다. 우리는 지수를 보다가 선생님의 눈치를 한 번 봤다. 감히 선생님한테 그런 식으로 대들다니.

"쟤 수행평가 걱정 안 되나 봐."

낮게 중얼거리는 목소리 사이로 지수가 다시 말했다.

"저는 그 시간에 못 나옵니다."

"뭐?"

선생님은 당황한 기색이었지만, 애써 특유의 침착함과 과장된 미소를 잃지 않았다. 그러느라 표정은 계속 일그러지고 있었다.

"잘못 들은 건가? 다시 말해 볼래?"

지수는 망설이는 것 같더니 다시 분명하고 확실한 어조로 말했다.

"그 시간에 못 나옵니다."

선생님의 표정이 굳어졌다. 애써 화를 가누는 듯한 숨소리가 교실을 긴장시켰다. 선생님이 다시 질문했다.

"왜 못 나온단 거지?"

지수가 진지한 표정으로 말했다.

"그러니까, 그 시간에 보이는 사물을 그려야 하거든요."

갑자기 한쪽에서 짤막한 웃음소리가 들렸다. 이어 여기저기서 웃음소리가 터져 나왔다. 실없는 소리를 하면서 내내 진지한 표정을 짓고 있는 지수의 표정 때문이었는지, 예상과는 다른 엉뚱한 대답 때문이었는지 모르겠지만, 아이들은 과장된 몸짓까지 동원해서 웃고 있었다. 아침에 못 나온다는 사유치고는 너무나 개인적인 이유긴 했다. 집에 일이 있다거나, 그 시간에 과외를 한다든가 하면 혹시 모르겠지만 말이다.

'사물이 다 똑같은 사물이지 뭐가 다르다고. 차라리 다른 중요한

일이 있다고 핑계 대는 게 나았을 텐데.'

나는 혼자 고개를 저으며 생각했다. 그런데 지수는 그런 말도 안
되는 대답을 해 놓고 혼자서 심각한 표정을 짓고 있었다. 이해가 안
된다는 우리를 더 이해하지 못하겠다는 표정이었다. 선생님은 조용
히 분필을 내려놓았다.

"교무실에서 얘기할까?"

선생님이 앞문을 여는 것과 동시에 뒷문을 열고 지수가 나갔다.
선생님과 지수가 나가 버린 교실은 왁자지껄 수다로 가득 찼다.

"사물이 달라진대. 변신 로봇이라도 그리나?"

"아침부터 헛소리야. 잠 못 자서 헛소리하는 거겠지."

"선생님 열 받았겠다."

"뭐야, 쟤 뭐라는 거니? 정말 잠을 못 자서 헛소리하는 건가?"

옆자리에 앉은 민규가 말했다. 하지만 아무리 생각해도 분명 우
리 나이에 있을 수 있는 치기 어린 반항심 같은 것만은 아니었다. 지
수는 말 그대로 진지했고, 빛을 그리는 것만이 대단히 중요한 일인
것처럼 말하고 있었으니까.

"나 잠깐 화장실 좀 갔다 올게."

나는 어떤 힘에 이끌린 듯 선생님과 지수를 따라 교실 밖으로
나갔다. 멀리서 빠른 걸음으로 걸어가는 선생님의 뒷모습이 화난 사
람처럼 보였다.

**

사화산에 등을 기대고 앉은 어린 왕자의 눈은 이제 감겨 있었다.

"자?"

내가 물었지만 어린 왕자는 대답이 없었다. 노인이 지팡이를 옆에 놓으며, 우리도 한숨 자고 일어나서 내일 지수를 다시 찾아보자고 말했다.

"지수를 찾을 수 있을까요?"

"글쎄다."

노인은 성의 없이 대답해 놓고 금세 잠이 들었다.

"자기 일 아니라고, 쳇."

쏟아지는 별을 바라보다가 내 눈도 스르르 감겼다. 너무 긴 시간이 흘러가 버린 것 같다고 생각하면서, 나는 낯선 별에서 깊은 잠 속으로 빠져들었다.

원숭이의 이야기를 듣다

― 행성 B612, 연도 미상

잠에서 깨어났을 때 우리는 경악했다. 어디서 나타난 건지 원숭이 한 마리가 어린 왕자의 별에서 계속 침을 뱉고 있었다. 양복을 입은 원숭이는 우리가 눈 뜨기를 기다렸다는 듯 수줍게 걸어오며 인사했다.

"안녕하십니까."

"넌 누구니?"

먼저 질문을 던진 것은 어린 왕자였다.

"놀라게 했다면 미안합니다. 전 피터라고 해요. 사람들은 저를 빨간 피터[5]라고 부른답니다."

피터는 얼굴에 있는 빨간 흉터를 가리키며 말했다.

"여긴 어떻게 온 거지?"

노인이 놀란 입을 다물지 못하며 말했다.

"죄송합니다. 전 출구를 찾고 있었거든요. 5년 전부터 줄곧 출구를 찾았지만 찾지 못했어요. 그런데 오늘 아침 갑자기 심장이 정지하는 듯한 느낌이 들면서 아팠습니다. 그리고 눈을 떴을 때 이곳에 와 있었어요. 드디어 출구를 찾은 건지, 아니면 그냥 꿈인지 저도 잘 모르겠네요."

나는 노인을 향해 속삭이며 말했다.

"피터도 존재를 잃은 걸까요?"

"그럴지도 모르지."

노인은 대답했다. 어린 왕자는 피터를 물끄러미 보다가 입을 열었다.

"넌 나비를 수집하니?"

"넌 어떤 동물을 좋아하니?"

"넌 어떤 색을 좋아하니?"

"넌 붉은 벽돌집에 사니?"

역시 호기심 왕자다운 질문이었다. 이제 그런 질문을 해도 전혀 이상하지 않았다. 하지만 피터는 머리를 긁적이며 난처한 표정을 지었다.

"제가 지금까지 들어 본 적이 없는 질문이군요."

어린 왕자는 실망한 듯 입을 앞으로 쭉 내밀더니 다른 질문을 했다.

"근데 그 빨간 흉터는 왜 생긴 거야?"

"아, 이거요. 저는 원래 황금 해안 출신이에요. 물을 마시러 가는 도중에 사냥 원정대한테 잡혔거든요. 그때 사냥꾼에게 총 두 방을 맞았는데, 그중 하나가 이 뺨을 스치고 갔죠. 그때 생긴 흉터예요."

"아……."

어린 왕자가 한숨을 쉬더니 피터의 빨간 흉터를 쓰다듬었다.

"괜찮습니다. 이젠 아무렇지도 않아요."

피터는 민망한 웃음을 지어 보이며 말했다.

"인간들한테 붙잡힌 모양이에요."

내가 노인에게 말하자, 노인이 피터를 향해 질문했다.

"왜 도망치지 않았나?"

"물론 저는 자유롭게 살던 원숭이였습니다. 처음엔 저도 원숭이 시절에 누리던 제약 없는 자유를 그리워했죠. 하지만 인간 세상에 적응하다 보니 어느 순간 동화되어 인간 세상이 편하게 느껴졌습니다."

"그건 자신의 존재를 잃어 가는 거 아닌가?"

나는 말해 놓고 깜짝 놀랐다. 노인을 따라 하다니.

"존재요? 그런 건 모르겠습니다. 다만 저에겐 출구가 필요했어요. 그래서 출구를 찾기 위해 최대한 인간에 가까워지려고 노력했습니다."

피터는 말하다 말고 침을 한 번 뱉었다. 노인과 어린 왕자는 그런 피터의 행동을 호기심 어린 눈으로 쳐다봤다.

"아, 죄송합니다. 사람들을 흉내 내는 제 습관이거든요. 저는 인간이 되기 위해 침 뱉기를 배웠고, 파이프 담배도 피웠습니다. 술 마시는 것도 배웠는데, 사실 그게 제일 어려웠어요. 냄새가 지독하더군요. 하지만 사람들은 저란 존재를 잘 이해하지 못했습니다."

"그래서 인간이 됐어?"

어린 왕자가 물었다.

"네. 출구를 원한다면 누구나 배우게 됩니다. 그렇게 배우다 보니 원숭이의 본성은 점점 사라지고, 드디어 유럽인의 평균적인 교양을 얻었습니다."

피터는 감동에 가득 찬 표정으로 말했다.

"그럼 인간이 됐으니까 출구를 찾은 거네?"

내가 물어보자 피터의 표정이 어두워졌다.

"모르겠어요. 저는 목표에 도달했고, 그것이 가치 없다고 생각하지도 않았어요. 하지만 출구가 진정한 자유를 주지는 않았습니다. 이제는 제가 원숭이인지 인간인지조차 헷갈려요. 원숭이로 살던 시절이 하나도 기억나지 않거든요."

나는 순간 전율했다. 그때 피터의 얼굴이 페이드아웃 화면처럼 사라지고, 그 자리에 형의 얼굴이 나타났다.

"진짜 공부가 좋아서 이러고 있는 거라고 생각해?"

형은 길을 걷다가 말고 멈춰 서서 소리쳤다. 내가 맨날 1등 해서 좋겠다고 막 빈정대며 말한 참이었다. 언제나 조용하고 말 없던 형이 그날따라 크게 화를 내서 흠칫 놀라지 않을 수 없었다.

"나는 출구를 찾는 거야."

"무슨 출구?"

나는 형의 눈치를 보며 말했다.

"여기에서, 내가 처한 상황에서 벗어나려고."

"자유롭고 싶은 거야?"

"아니. 어차피 완전한 자유는 없어. 인간으로 태어난 이상 어딘가에 구속될 수밖에 없겠지. 하지만……."

"하지만?"

"어느 정도의 자유는 찾을 수 있을 거라고 생각해. 그래서 공부도 하는 거고."

"지금은 어디서 벗어나고 싶은데?"

"집."

"공부하면 벗어날 수 있는 거야?"

형은 걸음을 멈추고 나를 봤다.

"내가 나를 책임질 수 있으면 그렇게 되지 않을까 생각하는 거야."

**

"폭력의 시대야. 억압의 시대고."

형의 목소리는 어느새 노인의 목소리로 바뀌어 있었다. 노인이 지팡이를 짚고 끙 소리를 내며 일어섰다. 노인의 얼굴에 짙은 그늘이 드리웠다.

"왜요? 뭐가 폭력이에요?"

나는 혼미한 정신을 가다듬으며 다그치듯 물었다.

"존재에 대한 억압은 폭력이니까."

노인이 나를 돌아보며 말했다.

"형도 그렇게 말했어요."

피터와 노인, 그리고 어린 왕자가 동시에 나를 봤다.

"형도 출구를 찾고 싶다고 말했어요."

"형도 갇혀 있었나요?"

내가 말하자 피터가 심각하게 질문했다.

"형은 갇혀 있다고 생각한 것 같았어요. 사실 갇혀 있었을지도 모르고."

"그래서 형은 출구를 찾았어?"

어린 왕자의 새소리 같은 목소리였다.

언젠가부터 형 이야기를 하는 것은 금기에 가까운 불문율이 되어 가고 있었다. 그날 이후 아무도 형에 대해 말하지 않았고, 나 역시 원래부터 형이 없었던 것처럼 행동하고 다녔다. 우리는 마치 몹쓸 죄를 저지른 공범들처럼 그날의 사건은 철저하게 비밀에 부쳐 둔 채 일상을 버티고 있었다. 그러나 기억의 감옥은 단단하지 않았다. 기억은 불시에 나타나서 나를 힘들게 했으니까. 나는 심호흡을 한 번 했다.

"아니. 형은 스스로 목숨을 버렸어. 존재의 죽음이 아니라 정말 죽음을 선택했어……."

아무렇지 않게 말했지만, 내 손은 주먹을 꽉 쥐고 있었다. 모두 놀란 표정을 지었다. 어린 왕자가 내 손을 꼭 잡았다. 어린 왕자의 눈에서 흘러내린 물방울이 햇빛에 반사되면서 떨어지고 있었다.

"왜 그랬을까?"

"출구를 잘못 찾은 것 같아. 형은 피터처럼 출구를 찾고 싶어 했거든. 피터가 인간이 되려고 노력한 것처럼 형도 무언가가 되려고 노력했어."

나는 힘없이 말했다.

"그럼 형을 만나러 가면 되잖아."

어린 왕자가 풀이 죽은 목소리로 말하자 피터가 고개를 크게 끄덕였다. 피터는 긴 팔을 좌우로 흔들면서 흥분하고 있었다.

"형을 어떻게 만나."

나는 어린 왕자의 심각한 눈빛을 보며 힘없이 웃었다. 이런 말을 하는 걸 보면 어린 왕자는 아직 어린 게 분명했다. 본인은 나보다 더 어른스럽다고 주장했지만 말이다.

그때 어린 왕자가 생각난 듯 다시 말했다.

"너랑 철학자도 여기로 왔고, 피터도 과거에서 막 왔잖아. 너도 과거로 갈 수 있을 거야."

어린 왕자는 이렇게 말해 놓고는 혼자 진지했다. 그 모습을 보자 피식 웃음이 나왔다. 어린아이다운 발상이었다.

'과거로 가다니. 과거로 가서 뭘 어쩌게? 과거로 가면 형을 만나나?'

속으로 이렇게 생각하고 있는데 다음 순간 얼굴이 빠르게 경직되었다. 나는 웃음을 멈췄고 그 자리에 얼어붙었다. 생각 없이 던진 어린아이의 말이지만 과거라면, 혹시 형이 죽기 전이라면, 정말 가능하지 않을까?

과거로 가면 형을 만날지도 모른다. 옛날 같으면 말도 안 되는 소리라고 했겠지만, 지금이라면 가능할 것 같기도 했다. 갑자기 심장이 빠르게 뛰었다. 나는 노인을 향해 천천히 몸을 돌렸다. 나와 시선이 마주친 노인은 눈을 가늘게 뜨면서 고개를 끄덕이고 있었다.

[5] 빨간 피터는 프란츠 카프카(Franz Kafka, 1883~1924)의 소설 《학술원에 드리는 보고》에 등장하는 주인공이다. 인간으로 변한 원숭이 로트페터가 원숭이 시절의 삶과 인간으로 변화하는 과정에 대해 강연한다. 현실에 순응하는 것을 자유라고 착각하는 현대인을 풍자한 작품이다.

형과 실존을
이야기하다

— 대한민국 서울, 2016년

심장이 아프다. 이대로 죽는 건 아니겠지. 그런데 여기는 어딜까? 과거로 왔겠지만, 과거의 어느 순간으로 온 건지는 모르겠다. 만약 형을 만난다면 나는 어떤 말을 해야 할까? 형이 내 말을 듣고 극단적인 선택을 멈출 수 있을지 나도 잘 모르겠다.

하지만 정말, 내가 할 수 있다면, 하고 싶다.

나는 눈을 떴다. 익숙한 책꽂이가 보였다. 책상 위에 널브러진 팔레트와 붓, 하얀 도화지, 어지럽게 널려 있는 책들. 내 방이었다.

이제 뭘 어떻게 해야 하지? 그런데 노인은 어디로 사라진 걸까? 또 어딘가로 산책하러 간 건가? 여긴 복잡해서 길이라도 잃으면 큰일인데. 어린 왕자의 별이랑은 아주 다른, 교통지옥 서울인 걸 모르고 말이다. 교통 카드라도 가지고 나갈 일이지 걱정이었다.

그때 문밖에서 소리가 들렸다. 방문을 향해 고개를 돌렸다.

"자니?"

문을 열고 들어오는 사람이 보였다.

형이었다.

형의 모습을 보자 내 들숨과 날숨이 엇박자로 마구 엉키고 있었다. 들켜서는 안 되니까 최대한 이성적으로, 그때의 나처럼 행동해야 한다고 생각했다.

내 방에 들어온 형은 방을 한번 둘러보더니 책상 쪽으로 다가갔다.

"그림 그리고 있었니?"

"어? 어. 무슨 일이야?"

나는 대수롭지 않게 물었지만 감정이 격해지려는 것을 겨우 참으며 말했다. 사실은 형을 다시 볼 수 있다는 것만으로도 감격해 미칠 지경이었다. 침대에 걸터앉아 형을 보고 있었지만 내 다리는 심하게 떨리고 있었다. 형은 나에게로 시선을 돌리며 말했다.

"이런 말 웃기지만, 내가 도대체 존재하는 인간인지 알 수가 없어. 엄마 계획표에 맞춰서 살아가는 인형인 것만 같아 힘들어."

"형."

"응?"

형을 부르긴 했는데 이 중요한 시점에, 노인한테 들은 말이 생각이 나지 않았다.

"그러니까…… 유일무이한 형의 존재가 있고, 그 존재는 형의 존재니까, 그러니까……."

'아, 이럴 줄 알았어.'

나는 어쩔 줄을 몰랐다.

"존재?"

"어, 존재."

"그게 뭐야?"

"그니까, 유일무이한 것. 형을 형답게 만드는 것이 존재인 거 같고……."

역시 잘 모르겠다. 노인은 하필 이럴 때 어딜 간 걸까.

형은 책상 위에 널브러진 내 하얀 도화지와 까만 붓, 아무렇게나 뿌려 놓은 색색의 물감이 가득한 팔레트를 찬찬히 훑어보다가 나와 눈이 마주쳤다.

"가끔 네가 부러워."

"어, 어?"

"넌 네가 하고 싶은 거 실컷 해."

"하고 싶은 거?"

"예를 들면 그림 같은 거."

형은 내 붓을 들어 하얀 도화지에 그림을 그렸다. 빌어먹을 그 검은 새였다.

"날 수 있으면 좋을 텐데."

형은 힘없이 말했다. 나는 어떤 힘에 이끌려 침대에서 벌떡 일어나 형 옆으로 갔다. 그리고 형이 그려 놓은 검은 새를, 아니 검은 새가 그려진 도화지를 북북 찢어 버렸다. 종이를 찢는 내 손은 조금의 망설임도 없었다.

"이런 재수 없는 까마귀 같은 거 그리지 말고 날고 싶으면 날아가, 형!"

찢어진 도화지를 방바닥에 흩뿌리며 소리치자 형은 흠칫 놀랐다.

"까마귀 아냐."

"어? 까마귀 아냐?"

"어, 근데 너, 왜 그래?"

나는 오버하지 말자고 생각했다.

"형 인생이잖아. 존재는 형 거니까 형이 엄마랑 맞장 떠서 이기라고. 그 뭐냐, 아, 실존! 자기가 선택하는 거라고 했는데. 무엇을? 존재를? 아무튼 그런 게 있어. 그러니까 형 하고 싶은 거 하고, 탈출하고 싶으면 가출이라도 하고, 형!"

결국 두서없이 말하고 말았다.

"가출?"

죽는 것보다야 가출이 나았다.

"응. 형 가수 되고 싶다고 했잖아. 가수 돼서 노래하고, 나중에 은수 누나도 만나고. 응?"

나는 애원하고 울부짖다가 절규하는 꼴이었다.

"너 근데 오늘 이상하다."

"형, 나 원래 이상해. 나 형 질투했었어. 형이 없어져 버렸으면 좋겠다고도 생각했어. 근데 그거 진짜 아냐. 형…… 사랑해."

"왜 이래, 닭살 돋게."

형은 뒤로 물러서며 말했다.

"은수 누나 보고 싶어?"

"모르겠어."

"왜?"

"그냥 내가 처음으로 내 감정에 따라 무언가를 선택했다고 생각했는데, 그게 안 되니까 가슴이 답답하고 숨을 쉴 수가 없더라. 가끔 호흡이 멈출 때도 있어. 이런 말은 안 하려고 했는데, 오늘 네가 이상하니까 나도 이상해진다. 사실 숨이 잘 안 쉬어져. 폐가 숨 쉬는 걸 거부하는 기분이야."

형은 침대로 가서 털썩 주저앉았다.

"형이 정말 하고 싶은 게 뭔데?"

"내가 언제 그런 거 생각하고 살았니. 해야 되는 거만 생각하면서 살았지. 뭐가 될 수 있는지 그것만 생각하면서 살았지."

나는 형 앞으로 다가가서 최대한 진지하게 말했다.

"그럼 이제부터 정말 형이 하고 싶은 거, 할 수 있는 거 해."

"엄마 성격 몰라서 그래?"

"출구를 찾고 싶어 했잖아."

"뭐?"

"형, 옛날부터 벗어나고 싶어 했잖아. 자기 결단을 통해 자신의 진짜 존재를 찾는 게 실존이야. 실존하는 인간만이 존재할 수 있다고!"

드디어 성공한 것 같았다. 형은 침대에 앉은 채 무언가에 홀린 사람처럼 멍하니 나를 쳐다봤다.

"그래, 고맙다. 나 이제 가 볼게."

형이 일어서서 방문을 향해 걸어갔다. 나는 뒤에서 형의 옷을 잡아끌었다.

"형."

"응?"

"혹시……."

"……."

"혹시 옥상 가고 싶으면 인터넷으로 하이데거 검색해 볼래?"

"그게 누군데?"

"철학자."

형은 피식 웃었다.

"요즘 철학 공부해?"

"아니. 하지만 꼭 그렇게 한다고 약속해 줘."

나는 진지하게 말했다.

"그럴게."

뒤돌아서려는 형에게 나는 다시 말했다.

"그리고 옥상 가지 마."

"그건 또 왜?"

나는 머뭇거리다 겨우 대답했다.

"거기 귀신 나온대."

"누가 그래?"

"아무튼 절대 가지 마, 형."

나는 나도 모르게 형의 두 손을 꼭 잡고 있었다.

9

잃어버린
존재를 찾다

— 대한민국 서울, 2017년

"학생, 학생, 일어나 봐."

꿈결엔 듯 들리는 칼칼한 목소리였다.

'나를 부르는 건가?'

나는 눈을 떴다.

"곧 수업 시작하는데 여기서 자고 있으면 어떡해."

내 앞에 서 있는 사람은 노인도 어린 왕자도 아니었다. 나를 흔들어 깨우는 사람은 동그란 안경을 낀 도서관 사서 누나였다. 나는 주위를 둘러봤다.

"어린 왕자는요? 철학자는요? 피터는요?"

"꿈꿨나 보네."

사서 누나는 안경을 위로 한 번 추어올리더니 대수롭지 않게 말하며 웃었다.

"꿈이요?"

꿈이라기엔 너무 생생했다. 어린 왕자의 별과 어린 왕자의 장미꽃. 어린 왕자의 별에 있던 활화산 두 개와 내가 기대어 잠들었던 사화산. 그리고 존재와 실존을 이야기하던 철학자의 성마른 목소리까지. 이렇게 생생한데 꿈일 리가 없었다. 그런데 도서관 책상에 우두커니 앉아 있는 나는 뭐지.

"곧 종 칠 거야."

사서 누나는 시계를 올려다보며 말했다. 시계는 오후 12시 40분을 가리키고 있었다. 나는 무언가에 홀린 듯 일어서서 출구 쪽으로 향했다. 그때 나를 바라보는 듯한 시선이 느껴졌다. 시선의 집요한 이끌림은 바닥에서부터 비롯되고 있었다. 고개를 돌려 보았다. 나를 바라보고 있는 듯한 낡은 책 한 권이 보였다.

S-E-I-N

'아!'

나는 속으로 소리쳤다.

"저게 왜 바닥에 떨어져 있지?"

사서 누나는 책을 집어 들며 말했다. 나는 침을 꿀꺽 삼키면서 겨우 입을 열었다.

"누…… 누나, 저 책에 쓰여 있는 글자, 그게 무슨 뜻이에요? 혹시 아세요?"

"이거? 독일어로 존재라는 뜻일걸?"

심장이 얼어붙을 것 같았다. 꿈이었다면 내가 그것을, 그 '존재'라는 낯선 외계어 같은 말을 이렇게 분명히 알고 있을 리가 없지 않을까?

"존재는 근원적인 것이다."

노인의 목소리가 들려오는 것 같았다.

"그게 왜 저기 있어요?"

"나도 모르겠어. 옛날에 여기 근무하시던 사회 선생님이 기증하고 가신 건데, 독일어라 애들 눈높이에도 맞지 않고 해서 손에 안 닿는 곳에 꽂아 뒀거든. 왜 떨어진 건지 모르겠네."

사서 누나는 손으로 책의 먼지를 툭툭 털어내며 말했다.

"그거 혹시 누가 쓴 건지 아세요?"

"독일 철학자 하이데거라는 사람이 썼다고 들었어. 그 사람 대표작이 《존재와 시간》이라는데, 평생 존재만 탐구하다 돌아가셨대. 나도 은퇴한 사회 선생님한테 얘기만 잠깐 들어서 잘 몰라."

사서 누나는 책꽂이에 책을 꽂다가 나를 힐끗 봤다.

"근데 이 책을 알아?"

나는 안다고도 모른다고도 말할 수 없었다.

"존재는 존재자가 아니라는 것은 알아요."

발꿈치를 들고 책을 정리하던 사서 누나가 흠칫 놀라며 나를 돌아봤다. 나는 교실을 향해 걸었다.

'이렇게 뚜렷한데 꿈일 리가 없어.'

노인의 목소리와 어린 왕자의 조그만 얼굴이 내 감각의 뒤편에서 웅성거리고 있었다.

**

"밥 안 먹고 어디 갔다 왔냐?"

민규가 영어책을 꺼내며 말했다.

"도서관."

"별일이네. 거기 거의 안 가는 것 같더니."

종소리와 함께 드르륵 앞문을 여는 소리가 소란을 잠재웠다. 담임 선생님이었다.

"수업 시작 전에 영어 선생님이 아니라 담임 입장에서 공지 사항 한 가지 전달하고 시작할게. 기말고사 성적표가 나왔어."

교실은 삽시간에 쥐죽은 듯 조용해졌다.

"내가 아침에 30분 일찍 와서 공부하라고 그렇게 강조했는데, 성적이 중간고사보다 떨어지면 어쩌자는 거니?"

화를 억누르는 목소리였다.

"일찍 오라고 했잖아, 일찍. 습관이 얼마나 중요한지 몰라? 일찍 와서 공부도 일찍 시작하면 인생도 성공하는 거라고. 영어 속담에도 있잖아. 일찍 일어나는 새가 벌레도 잡는 거라고!"

우리는 고개를 푹 숙이고 말없이 선생님의 꾸지람만 듣고 있었다. 물론 나는 선생님의 말은 귀에 들어오지도 않았다. 내 머릿속에는 B612 행성에서 함께했던 노인과 어린 왕자가 떠나지 않고 있었으니까. 지금 기말고사 성적이 중요한 게 아니었다. 비록 꿈이지만 형까지 만난 마당에.

"야, 김지석!"

그때 내 이름을 부르는 선생님의 화난 목소리가 귀를 뚫고 들어왔다.

'왜 나를? 독심술이라도 배우신 건가?'

나는 고개를 들어 선생님을 쳐다봤다.

"너 그 시간에 그림을 그리는 게 그렇게 중요해?"

엄숙하던 분위기가 삽시간에 어그러지면서 여기저기서 키득거리는 웃음소리가 들려왔다. 왜 웃는지 이해하지 못한 것은 나밖에 없는 것 같았다.

"네?"

"사물이 다르긴 뭐가 다르다는 거야! 그런 이상한 생각이나 하니까 성적이 그 모양이지!"

'왜 나를 몰아세우는 거지? 내가 뭘 어쨌다고.'

나는 멍하니 선생님의 얼굴만 보고 있었다. 무슨 말을 해야 할지 몰라서였다. 선생님은 나와 눈이 마주치자 구제 불능이라고 중얼거리다가 고개를 가로저었다.

수업이 끝나자 민규가 나를 툭 쳤다.

"그러게 나오라는데, 그런 건 왜 그리냐고."

"어?"

"그림 말이야, 그림."

"뭐가?"

"이게 장난치나. 선생님이 아침에 일찍 나오라고 했는데, 너 그림 그리는 거 때문에 못 나온다고 그래서 교무실에 불려 갔었잖아. 교실 발칵 뒤집어 놨었잖아."

"그건…… 지수가……."

나는 말하다 말고 고개를 황급히 뒤로 돌렸다. 지수가 앉아 있어야 할 자리로 내 시선은 옮겨 가 있었다. 그러나 거기에 지수는 없고 낯익은 얼굴이 앉아 있었다. 노인인데 자상한 구석은 찾아볼 수 없고 그저 무섭게 생긴 얼굴 말이다. 노인, 아니 철학자 하이데거였다. 나를 보자 노인의 눈매가 실눈처럼 가늘어졌다. 나는 나도 모르게 벌떡 일어나 노인이 앉아 있는 자리로 천천히 걸어갔다. 내가 다가가자 노인은 지팡이를 짚으며 일어섰다.

"여기가 지수 자리예요."

내가 말을 건네자 노인이 희미하게 웃으며 말했다.

"여긴 지수 자리가 아니야."

"네?"

"아직도 모르겠니?"

"······."

"너의 잃어버린 존재, 그 존재가 머물렀던 자리다."

이 노인은 사람 놀라게 하는 재주는 타고난 듯했다. 나는 또 꿈인가 싶어서 진짜 노인이 맞나 하고 눈을 비비며 다시 확인했다.

"이제 잃어버리지 말아라."

노인은 넋을 놓고 있는 내게 알 수 없는 말을 하면서 여전히 웃고 있었다.

"그럼 지수가 저의 잃어버린 존재라는 말이에요?"

나는 무언가에 홀린 듯 말했다.

"야, 너 뭐 해?"

민규가 내 팔을 잡아끌었다.

"아니, 이 노인이 이상한······."

"노인이 뭐!"

"여길 보라고!"

그러나 다시 고개를 돌렸을 때, 내가 손가락으로 가리키고 있던 그 자리는 텅 비어 있었다.

"너 오늘 이상하다."

"나도 내가 이상해."

나는 민규를 보며 말했다.

"너, 혹시 지수라는 애 몰라? 진짜 몰라?"

민규가 나를 멍하니 보다가 내 이마에 손을 짚었다.

"열은 없는 거 같은데 정신 차려. 아까 도서관 갈 때도 그 이름 찾는 거 같더니 도대체 지수가 누군데?"

머리가 온통 뒤죽박죽이었다. 단지 하루를 살았을 뿐인데, 엄청나게 오랜 시간을 산 기분이었다. 꿈이라고? 꿈이라기엔 너무나 생생한 노인과 어린 왕자의 모습이 떠올랐다. 어린 왕자의 새소리 같은 목소리. 그리고 노인의 날카롭게 찢어진 눈. 그들이 바로 앞에 있는 것만 같았다. 실존하는 인간만이 존재할 수 있다고 지팡이를 내리치던 노인의 모습이 탁탁 지나갔다.

지수를 찾으러 간 건데 지수가 사실은 '나'였다는 것은 그야말로 충격이었다. 내가 미친 게 아니고서는 이럴 수 없었다. 그동안 내가 본 지수는 내 환상이 만들어 낸 허깨비에 불과했단 말인가? 지수는 정말 나였을까? 아니 나의 잃어버린 존재였을까? 나는 왜 나를 잃어버리고 산 걸까?

그러나 더 중요한 건 형을 만났다는 것이었다. 단순히 꿈이라고 생각하기 힘들 만큼 분명하게 기억이 났다. 형이 그렇게 된 이후 형이

라는 존재를 생각한 적이 없었다. 의식적으로 잊으려 노력했고, 생각
하지 않으려고 애썼다. 생각하면 무섭고 떨렸으니까. 그런데 바로 좀
전에 만나고 온 듯한 이 생생한 기억은 뭘까? 나에게 무슨 일이 일어
났던 걸까?

**

"이제 오니?"

엄마는 거실에 앉아 있었다. 무슨 서류인지 영어로 된 자료들을
앞에 잔뜩 쌓아 둔 채 신중히 읽어 내려가고 있었다.

"여기 와서 앉아 봐."

"옷 갈아입고 나올게요."

"먼저 앉아서 얘기하고 천천히 갈아입어."

엄마는 나를 보지도 않고 성급한 목소리로 말하며 허공에다 대
고 손짓했다. 소파에 털썩 앉자마자 엄마가 서류를 내밀었다. 나는
그 서류를 물끄러미 바라보았다.

"내가 몇 개 추려 놨어."

"뭘요?"

"고등학교."

엄마가 준 서류에는 필립스, 보스턴, 뉴욕 이런 낯선 말들이 쓰

여 있었다.

"미국에 있는 고등학교예요?"

나는 엄마를 봤다.

"외고 떨어졌잖아. 고만고만한 고등학교 가느니 미리 유학 가는 게 나을 것 같아. 같이 일하는 선생님한테 물어봤는데, 보스턴 고등학교 괜찮대. 이것 봐. 기숙사도 굉장히 깔끔하지?"

엄마는 손으로 서류를 가리키며 말했다. 엄마의 손가락이 가리키는 곳에 기숙사 내부 사진이 보였다. 이층 침대와 목제 책상이 있는, 적당한 크기로 된 사각형의 원룸 사진이었다. 엄마는 이 적당한 방으로 나를 보내려는 심사인 것 같았다. 엄마의 프로젝트는 끝날 기미가 안 보였다. 그 대상과 방법만 바뀌었을 뿐이었다. 형에서 나로, 외고에서 유학으로.

"엄마."

엄마는 서류에서 눈을 떼지 않은 채 답했다.

"왜?"

"저, 여기 안 가요."

나는 이곳에 갇힌 나를 떠올리다가 몸서리치며 말했다.

'이제 시키는 대로, 형의 그림자로 살지 않을 것이다. 나의 존재를 잃지 않을 것이다. 비본래적 삶을 살지 않겠다.'

노인의 말과 내 의지가 의식 속에서 오버랩되고 있었다. 내 머릿속에는 그런 생각만이 오롯했으므로 엄마의 말은 귀에 들어오지도 않았다.

"뭐?"

엄마는 서류를 뒤적이던 손을 멈추고 나를 봤다.

"여기 안 가고 뭐 하게?"

"그건 저도 모르겠어요. 아무튼 제가 잘 생각해서 선택할게요. 일단 여기는 안 가고 싶어요."

나는 단호하게 말했다. 하지만 소파에 기역 자로 접힌 내 다리는 심하게 떨고 있었다. 이어서 땅이 꺼질 듯한 엄마의 한숨 소리가 들려왔다.

"정말 자식들이라고 차례대로 왜 이러나 몰라."

엄마는 서류를 획 던지면서 말했다. 거실 바닥에 종이가 어지럽게 흩어졌다.

"형처럼 되고 싶어?"

그 말을 듣자 갑자기 분노가 치밀어 올랐다. 형처럼이라니.

"형 그렇게 된 거 엄마 때문인 거 몰라요?"

"너 지금 내가 잘못했다고 말하는 거니?"

이쯤 되면 계모가 아닌가 의심해 볼 수준이었다. 자식의 죽음 앞에서 이렇게 당당할 수 있는 부모가 몇이나 될까? 정말 유전자 검사라도 해 보고 싶었다. 아빠가 어디 나가서 데려온 자식이 아니고서야 우리한테 이럴 수는 없었다.

"엄마는 형한테 죄책감 뭐 그런 거 없어요? 형 그렇게 된 걸 보고도 저한테까지 꼭 그러셔야겠어요?"

"너 제정신이야? 내가 왜 죄책감을 느껴야 하는데!"

"미안하지 않냐고요. 자식을 그렇게 만들어 놓고!"

엄마가 충격으로 쓰러질 줄 알았는데 예상은 빗나갔다. 엄마는 앉은 자리에서 벌떡 일어섰다.

"너 지금 민수 가출한 게 내 잘못이라도 된다는 거니? 내가 뭘 어쨌는데? 그 은수라는 계집애랑 못 만나게 한 게 꼭 가출할 이유가 돼? 그게 할 짓이야? 계집애한테 홀려서 가출한 놈 때문에 내가 왜 죄책감을 느껴야 하냐고!"

나는 소파 맞은편에 서서 씩씩거리며 분노를 삭이는 엄마를 천천히 올려다봤다.

"엄마, 지금 뭐라고 하셨어요?"

"뭐라는 거냐니! 너야말로 뭐라는 건데!"

엄마의 분노는 쉽게 가라앉지 않았다.

"아뇨. 아까…… 그러니까 형이 가출…… 했다고요?"

"별소릴 다 듣겠네."

엄마는 황당하고 어이없다는 표정을 지었다.

"너 제정신이야? 그걸 왜 꼭 모르는 사람처럼 얘기하는데! 그 썩을 놈 작년에 가출했잖아! 여자 때문에 가출한 거, 그게 왜 나 때문이냐고!"

나는 엄마한테 재차 확인하듯 물었다.

"엄마, 그러니까, 형이, 가출한 거 맞아요?"

"너 제정신이야?"

내가 제정신이 아닐지도 모르겠다. 나도 아까부터 제정신이 아닌 것 같긴 했다. 30년대에서 건너온 독일 철학자를 만났고, 어린 왕자와 빨간 흉터를 가진 원숭이 피터를 만났으며, 형까지 대면하고 왔는데 제정신이면 그게 더 이상할 것 같았다.

하지만 한 가지는 분명했다. 형이 내 얘기를 들었다는 것이다. 그보다 더 중요한 건 형이 삶을 선택했다는 것이다. 어린 왕자가 말한 시간의 마법이 정말 통한 걸까? "과거로 갈 수 있잖아"라고 말하던 어린 왕자의 단추 같은 눈이 생각났다.

"엄마."

나는 꿈결엔 듯 엄마를 불렀다. 양쪽 손으로 머리를 꾹꾹 누르고 있던 엄마는 짜증 나는 표정으로 나를 봤다.

"왜 불러?"

"형 은수 누나 때문에 가출한 거 아니에요."

"너 자꾸 이상한 소리 할래? 그럼 멀쩡히 공부 잘하던 놈이 왜 나갔다는 건데! 그게 또 나 때문이란 거야?"

"아뇨. 형은 자신의 존재를 찾아 떠난 거예요."

엄마에게는 자다가 봉창 두드리는 소리였다. 개 풀 뜯어 먹는 소리이기도 했다. 엄마가 그렇게 말했지만 나는 굳이 상관하지 않기로 했다. 중요한 것은 그때, 형이 내 말을 들었다는 사실이니까.

에필로그

나는 철학자다. 어릴 때는 그림에 관심을 가졌지만, 하이데거를 알게 된 후 철학에 심취하게 되었다. 그는 내 마음의 스승이다. 하이데거의 철학은 나의 심장을 마구 파고들었다. 그의 사상에 감동한 나는 스스로 물었다.

"존재는 무엇이며 그것은 어떻게 드러날 것인가?"

사람들은 존재를 안다고 말하지만, 존재는 망각의 저편으로 사라졌다. 아니 한 번도 말해진 적이 없다. 사람들은 눈앞에 사물로 보이는 존재자에 대해서만 말할 뿐, 그것의 근원인 존재에 대해서는 알려고 하지 않는다. 그러나 존재는 그들이 말하는 것처럼 쉽게 정의 내릴 수 있는 것이 아니다. 존재는 분명하게 드러나는 것이 아니니까.

예를 들어 고흐의 구두 그림에는 단순히 구두뿐만 아니라, 농촌 아낙네의 삶의 흔적이라는 존재의 근원적인 모습이 있다. 그러므로 분명히 말할 수 있는 것은 단 하나다.

존재는 존재자가 아니라는 것.

**

똑똑.

"선생님."

열린 문 사이로 현우의 모습이 보였다. 현우는 최근 자신의 진로와 관련해서 고민이 많은 듯했다. 수업 시간에도 멍하니 창문 밖을 바라보던 현우를 본 적이 있었다. 고민에 싸여 있는 것 같기에 언젠가 복도에서 마주쳤을 때 현우에게 말했다.

"언제든 상담하고 싶으면 찾아와."

현우는 피어싱을 만지작거리면서 고개를 끄덕였다. 그 말을 잊지 않고 기억하고 있다가 찾아온 것 같았다.

"어서 오렴."

나는 상담실 가운데로 가서 현우와 마주 앉았다. 노랗게 염색한 머리와 피어싱을 세 개나 뚫은 귀. 현우는 자기표현에 능동적인 학생이었다.

"그래, 상담하고 싶은 게 뭐지?"

나는 현우에게 질문부터 했다.

"고등학교 졸업하고 뭘 해야 할지 모르겠어요."

단도직입적인 대답은 현우다웠다. 현우는 대학은 가고 싶지 않다고 처음부터 얘기했었다. 빨리 취업해서 사회인이 되는 게 현우의 꿈이었다.

"먼저 하고 싶은 게 뭔지 물어봐도 될까?"

나는 현우를 보며 말했다. 현우가 두 팔을 머리 뒤로 갖다 대며 허공을 응시했다.

"사실 요리사가 되고 싶었거든요. 어릴 때는요."

"그런데?"

"그런데, 취업 생각을 안 할 수 없잖아요. 요즘 인간보다 3D 컴퓨터가 더 취업이 잘되니까요. 저보다 걔들이 요리도 잘할 텐데 게네랑 경쟁하고 싶지 않아요. 그런데 제가 잘할 수 있는 게 뭔지 잘 모르겠어요."

세상이 빠르게 변하고 있었다. 우리 때는 고민하지 않던 새로운 질문이 많이 쏟아져 나오기도 하고, 우려했던 일들이 실제 일어나기도 했다. 인공지능 로봇은 이미 우리 학교에서도 교사로 일하고 있었다. 그들은 내 동료이기도 했다. 수학이나 과학을 가르치는 로봇은 인간보다 실력이 훨씬 월등하다고 들었다. 로봇과 함께 살아가고 기계가 인간 대신 일을 하는 시대였다. 그러나 그들을 배척할 수만은 없었다. 그들은 이미 우리와 함께 살아가는 중이고, 우리보다 더 많은 것을 해내고 있으니까.

하지만 그렇기 때문에 현우처럼 고민하는 사람이 더 많아졌다. 아무리 공부해도 인공지능을 따라잡을 수 없다는 회의주의자도 많은 듯했다. 그 사람들은 이미 많은 인간이 놀라운 과학의 발전 앞에서 소외되었다고 말했다. 하지만 존재가 존재자와 다르듯 인간이 기계와 같을 수는 없다.

"3D 컴퓨터가 요리를 잘하긴 하지."

나는 현우에게 말했다.

밀가루와 달걀, 우유만 넣어 주면 3D 컴퓨터는 정량의 설탕과 소금을 조금의 오차도 없이 계산해서 양념한 후, 완벽한 스크램블을 만들어 냈다. 나의 아침 식사는 그렇게 만들어졌다. 초보 요리사인 나보다 나은 솜씨였다. 3D 컴퓨터는 분명 완벽한 요리사였다.

"좋아하는 음식이 뭐니?"

나의 느닷없는 질문에 현우는 피어싱을 만지작거리면서 피식 웃으며 답했다.

"저요? 전 피자를 좋아해요."

"그게 어떤 맛인데?"

"그야…… 피자 맛이죠."

현우는 뭘 그런 걸 물어보냐는 표정으로 답했다.

"하지만 피자 맛이 겨우 단 하나일까?"

나는 현우에게 질문했다. 조금 생각하던 현우는 고개를 가로저으며 아닌 것 같다고 했다.

"손맛이라는 게 있어."

"네?"

"그걸 만드는 사람만이 낼 수 있는 맛이야. 똑같은 재료를 줘도 사람들이 만들어 내는 음식 맛은 다 제각각이고, 절대 동일하지 않다는 거야."

"그런 것 같아요."

시큰둥한 대답이었다.

"슬픈 피자도 있고, 웃긴 피자도 있고, 냉정한 피자도 있고."

"그런데요?"

"3D 컴퓨터가 만들어 내는 피자는 맛이 똑같던데. 그렇게 생각 안 하니?"

"네, 똑같긴 하죠. 선생님 근데 전 진로 상담하러 왔는데, 그게 저랑 무슨 상관이에요?"

"사실 진로에 앞서 존재에 관해 이야기하고 싶었거든."

"존재요?"

"네가 요리하기를 좋아한다면 그걸 해도 좋다고 말하려는 참이었어. 왜냐하면 네 요리는 컴퓨터가 만들어 내는 것과는 다를 테니까. 현우만의 고유한 요리가 될 테니까."

"저만의 요리라고요?"

"응. 독특함, 유일함으로 무장한 존재하는 피자를 만드는 거지."

현우는 다시 피어싱을 만지작거리며 반문했다.

"존재하는 피자요?"

이성적, 산술적 방법으로 인간에 접근한다면 모든 인간은 인공 지능 앞에서 모자란 존재가 될 수밖에 없다. 그러나 이성을 통해서는 존재가 알려지지 않을뿐더러 그 존재의 깊이를 알 수도 없다. 존재는 본래적이고 근원적인 것으로, 다른 것들과의 차이를 만들어 낸다. 나는 현우에게 존재란 그런 거라고 설명했다. 그러니 요리가 아니라 존재하는 요리가 중요한 거라고.

"선생님."

"응?"

"그럼 제가 만드는 피자는 컴퓨터가 만든 피자랑은 근본적으로 다르다는 건가요?"

"맞아. 넌 너처럼 개성적인 피자를 만들겠지."

현우는 멋쩍게 웃었다.

"그럼 제가 요리사가 되어도 컴퓨터랑 경쟁할 일은 없겠네요?"

"바로 그거야. 선생님도 정말 좋아하는 식당이 있는데, 그 음식은 그 집에서만 만들 수 있거든. 다른 데서는 절대 흉내 낼 수 없는 맛이야. 컴퓨터가 찍어 내는 음식은 더 말할 것도 없고."

"그럼 그 식당이 존재하는 식당이겠네요?"

나는 웃으며 그렇다고 했다.

"겉으로 보면 인간이 하는 것을 기계가 다 하는 것 같아도, 기계가 절대 인간을 따라잡을 수 없는 게 그런 고유함과 독특함이야."

"아, 알겠어요."

"그래. 네가 무엇을 하든 너 스스로 선택해서 결정하면 존재하는 삶이 될 거다."

"그럼 직업보다 존재하는 삶에 대한 고민이 우선이란 건가요?"

"어쩌면 그게 더 중요할 수 있지."

"선생님도 존재에 대한 고민 때문에 철학자가 되신 건가요?"

"그런 것 같아. 선생님도 어릴 때 존재에 대해 고민했었거든. 비본래적으로 사는 나에게 길을 알려 준 사람이 있었고."

"그게 누군데요?"

"하이데거."

그때 내가 만난 사람이 정말 하이데거였을까? 아니면 한낱 꿈이었을까? 아직도 잘 모르겠다. 하지만 그는 결과적으로 내 인생을 송두리째 바꾸어 놓았다. 내 인생뿐 아니라 형의 인생까지도. 아무리 생각해도 앞뒤 아귀가 안 맞는 허무맹랑한 소리 같지만 말이다. 그래서 지금도 생각한다. 내 이성과 논리로 아는 것은 한계가 있다고.

형은 지금 음악 평론을 하고 있다. 가출한 형은 음악을 공부했고, 실력에다 열정이 더해지자 대중음악 쪽에서 서서히 두각을 드러냈다. 음악을 공부만큼 잘하지는 못했지만 자기가 좋아서 한다는데 어쩌겠는가. 가출까지 한 마당에 엄마도 더 이상 형의 뜻을 반대하지 않았다.

형이 가출한 지 2년이 지났을 때 형을 찾아간 적이 있었다. 형의 피난처는 아빠의 화실이었다. 그때 찾아간 화실에서 본 형의 얼굴을 잊을 수가 없다. 나는 순간 다른 사람인가 착각해서 형을 앞에 두고도 형을 찾았으니까. 지금까지 본 적이 없는 환한 얼굴이 나를 보며 웃고 있었다. 그늘이 사라진 자리에는 충만한 행복이 자리 잡고 있었고, 경직된 입술 대신 부드러운 선이 그것을 대신하고 있었다.

"형, 그날 내 방에 들어왔을 때 말이야."

나는 넌지시 말했다.

"아, 그래. 사실 내가 가출하려고 맘먹은 날이었어. 마지막으로 너한테 얘기하려고 했는데, 차마 못 하겠더라."

"아냐, 잘했어."

"근데 실은 그날 다른 곳에 가려고 했었거든."

형이 심각하게 말했다.

"어디?"

"옥상."

나는 마른침을 삼키며 물었다.

"왜?"

"그냥."

형은 쓸쓸한 표정을 지으며 말했다.

"근데 왜 안 갔어?"

"이상하게 그날따라 옥상 문이 안 열리던데. 매일 가던 곳인데 갑자기 잠겨 있어서 이상했어."

"그랬어?"

"한 번도 그런 적이 없었는데 말이야. 그래서 네가 옥상에 귀신 나온다고 한 게 생각나더라고. 정말 귀신이 있나 생각하니 무섭기도 하더라."

형이 가볍게 웃으며 말했다.

"어? 맞아. 그랬지."

나는 모른 척하며 답했다.

"근데 그런 말 왜 한 거야?"

"정말 귀신 나와. 내가 봤거든."

나는 시치미를 떼며 말했다. 그날 마지막으로 옥상 문을 열쇠로 잠가 버린 것은 영원히 비밀에 부쳐야겠지. 그 열쇠의 행방은 나도 알 수가 없다. 어딘가로 던져 버린 것까지가 내 기억의 마지막이니까.

**

"선생님."

현우의 목소리가 나를 깨웠다.

"하이데거요. 그게 누군데요?"

"아, 하이데거."

나는 컴퓨터 앞에 앉았다. 몇 번 클릭을 하자 허공에 입체 영상이 나타났다. 몇 개의 화면이 지나가고 하이데거의 얼굴이 나타났다.

"저 사람이에요?"

"응."

"눈이 무섭게 생겼네요."

"실은 안 무서워."

"근데 저분이 선생님한테 뭐라고 했는데요?"

나는 입체 영상의 화면을 스킵하며 말했다.

"존재를 잃어버리지 말라고 했어."

내가 말하자 허공 속의 노인이 웃음을 지었다.

부록

하이데거는 '존재'의 역사를 새로 쓴 철학자로 불린다. 그는 존재에 대해 지속해서 관심을 가진 철학자이다.

20세기 철학 중 하이데거의 철학은 그 영향력에서는 최고의 성과를 거두고 있다. 하이데거의 존재론은 중요한 사상들의 토대가 되었는데, 흔히 실존주의 철학자라고 일컬어지는 사르트르, 메를로퐁티뿐 아니라 구조주의, 포스트 구조주의에서도 하이데거의 흔적을 발견할 수 있다. 이런 지속적인 관심은 단순한 호기심이나 우연에서 비롯된 것이 아니다. 그것은 그가 평생 추구했던, 존재라는 주제 자체의 중요성에서 비롯된다. 파르메니데스(고대 그리스 철학자)에서부터 시작된 존재에 대한 물음은 현대 철학자들에게까지 내려오며 철학의 중요한 주제로 전개되었는데, 여기에 다시 불을 지핀 사람이 바로 하이데거였다.

하이데거는 철학이 '근원적 물음'이라고 강조했다. 그러나 서양 전통 철학은 이러한 근원적 물음을 잊어버리고 '무엇에 대해서'만 기술했다는 것이 그가 비판하는 핵심이었다.

하이데거에 의하면 철학적 사유의 근원은 '무엇에 대해서'가 아니라 그것을 있게 한 '사건 자체'를 다루는 데 있다. 기존 철학은 출현한 대상만 다루느라 대상이 출현한 사건 자체, 즉 존재는 잊었다는 것이 하이데거의 문제의식이었다. 따라서 철학은 존재에 대한 물음에서 시작해야 한다는 것이고, 그것을 위해 하이데거는 '존재자'와 '존재'의 차이를 분명히 한다.

존재자는 눈에 보이지만 존재는 눈에 보이지 않는다. 그러나 존재는 겉으로 분명히 드러나지 않더라도 근원적인 것이다. 존재는 존재자의 뒤에서 존재자를 규정하고 이해하는 하나의 지평이다. 하이데거의 존재론은 이 차이를 발견하는 데서 시작된다. 이러한 그의 사유는 서양 철학의 전통을 뒤집어엎고, 새로운 사유의 틀로 존재를 선보인 혁신적인 것이었다. 인간의 존재 방식을 '실존'이라 한 데서 실존주의 철학자로도 불리고(이것은 하이데거 자신이 부인한 바 있다), 스승 후설의 현상학을 방법적 기술로 사용한 데서 현상학자로도 불리지만, 그것보다는 존재의 역사를 새로 쓴 철학자로 불리는 게 가장 적절한 이유도 바로 여기에 있다.

일반적으로 하이데거의 사상은 1930년을 기점으로 전기와 후기로 나뉘는데, 전기의 사상을 대표하는 저서가 《존재와 시간》이다. 1927년 《철학 및 현상학 연구 연보》 제8권에 전반부가 실렸고 따로 출판되었다. 《존재와 시간》은 출간되자마자 "전광석화와 같이 성공을 거두었다", "이상할 만큼의 철학적 흥분을 불러일으켰다", "마치 번개와도 같이 번뜩여 눈 깜짝할 새에 독일 사상계의 형세를 바꾸었다"고 전해진다.

《존재와 시간》에서 하이데거는 '존재란 무엇인가'라는 물음을 제기한다. 이것은 근대 이후 철학의 주변부로 밀려난 존재론을 논의의 중심으로 불러들이는 역할을 했다.

《존재와 시간》은 그 영향력뿐만 아니라 난해하기로도 악명이 높다. 독일인들 사이에서 《존재와 시간》 독일어판은 언제 출간되느냐는 농담이 있을 정도였는데, 이것은 문체나 구성상의 문제라기보다 주제 자체의 어려움 때문이었다. 이전 철학자들에게 당연하게 받아들여졌던 존재라는 문제를 새롭게 다루다 보니, 동료 철학자들조차 이 책을 이해하기가 쉽지 않았다. 프랑스 철학자 사르트르는 이 책에서 영감을 얻어 실존주의 사상을 대표하는 《존재와 무》(1943)를 썼는데, 나중에 이 책을 읽은 하이데거는 자신의 책을 오해한 것에 불과하다고 말했을 정도다.

이뿐만 아니라 《존재와 시간》은 서양 철학의 역사를 방대하게 다루기 때문에, 서양 철학에 대한 이해가 있어야 한다는 점도 독자를 힘들게 했다. 이 책에서 다루는 철학자는 고대 플라톤, 아리스토텔레스부터 근대의 데카르트까지 그 폭이 상당하다. 그러다 보니 철학 전공자조차 이 책이 얼마나 어려운지 불만을 토로할 정도다.

그러나 이러한 난해함에도 불구하고《존재와 시간》은 철학사에서 큰 전환점이 되었다. 출간과 동시에 철학 사상계의 판도가 인식론에서 존재론으로 이동해 갔기 때문이다. 다시 말해 현대 철학의 틀 자체가 바뀐 것이다.

《존재와 시간》은 "존경과 우정으로 에드문트 후설에게 바친다"는 헌서를 시작으로 〈서론: 존재 의미에 대한 물음의 설명〉, 〈제1부 1편: 현존재에 대한 예비적 기초 분석〉, 〈2편: 현존재와 시간성〉으로 구성되어 있다.

하이데거는 《존재와 시간》에서 존재와 관련된 용어를 100개 이상 새로 만들어 냈기 때문에, 단어의 뜻을 파악하는 데만도 상당한 고충이 따른다. 예를 들어 '양심'이라는 단어는 '옳고 그름을 따지는 내면의 도덕적 의식'이 아니라 '현존재(인간)가 자신의 존재 가능성에 대해 책임을 진다'는 의미로 사용된다. 인간을 뜻하는 현존재라는 단어 역시 하이데거가 새로 만든 용어이다. 이 밖에도 '세계-내-존재'라든가 '기획 투사'와 같은 생소한 단어가 많이 등장한다. 이런 낯선 용어들은 하이데거가 자신의 존재론을 설명하기 위해 직접 고안한 단어이다. 그래서 어렵기로 유명한 《존재와 시간》을 잘 이해할 수 있게 용어를 쉽게 풀어 보았다.

• 존재 물음

하이데거는 자신의 철학을 존재 물음(Seinsfrage)에서 시작한다. 존재 물음이란 존재의 의미에 대해 묻는 것을 말한다. 존재에 대한 논의는 철학사에서 계속 있어 왔으므로 하이데거의 질문은 새로울 것이 없어 보인다. 그러나 하이데거는 "(이제까지의) 존재에 대한 물음은 오늘날 망각 속에 빠져 있다"고 말한다. 또한 우리는 존재가 무엇을 의미하는지 알지 못한다고 말한다.

하이데거가 생각하기에, 이제까지 존재는 이론적 고찰의 대상으로서 눈앞에 사물로 존재할 뿐이었다. 하이데거는 데카르트가 시도했던 것처럼 어떤 개념을 파악하여 존재에 이르고자 한 것이 아니라, 존재 자체가 우리에게 어떻게 드러나는지 '있는 그대로' 보여 주기를 원했다. 근대 철학의 토대를 세운 데카르트는 존재를 인식의 차원에서 '인간이 지각하거나 이론적으로 고찰할 수 있는 대상'으로 이해했다. 그러나 이렇게 존재를 이해하면 존재를 이론적으로 파악할 수 있는 대상으로 볼 뿐 존재에 대한 답은 얻지 못한다.

하이데거는 인식론적으로 존재를 이해하면 존재를 '눈앞에 존재함(vorhandensein)'으로 규정하여 존재자에 접근할 뿐 존재에는 이르지 못한다는 데서 자신의 사유를 시작한다. 왜냐하면 '눈앞에 존재함'이라는 이성적인 판단을 통해서는 존재의 고유한 존재 방식이 드러날 수 없기 때문이다. 하이데거는 이러한 존재에 대한 이해를 극복하고 새로운 철학의 토대를 세우고자 '존재란 무엇인가'라는 물음에서 다시 시작한다.

- 존재와 존재자

하이데거는《존재와 시간》서론의 1절에서 존재에 대한 물음을 다시 제기해야 한다고 강조한다. 왜냐하면 기존의 전통 철학은 존재에 대해 선입견을 가지고 존재가 무엇인지 더 이상 묻지 않았기 때문이다. 흔히 존재는 '있음'이라고 이해된다. 우리는 이 '있음'이 너무나 당연하다고 생각하여 더는 묻지 않았다는 것이다. 갓난아이까지도 엄마가 없으면 우는 것으로 보아 '있음'이 무엇인지 본능적으로 알고 있는 것이 분명하다. 그러나 전통 철학이 말하는 이 '있음'은 존재자일 뿐 존재는 아니다.

존재에 대한 하이데거의 통찰은 존재는 존재자가 아니라는 것이다. 결론부터 말하자면 존재는 인식되는 것이 아니라, 스스로 자신을 드러내고 사유를 확장하는 것이다. 존재는 존재자와 다르게, 규정되지 않는 충만함이다. 하이데거는 이것을 독일 작가 괴테가 산 위에 있는 오두막의 벽에 썼던 짧은 시구에서 찾는다.

"모든 봉우리 위에 / 고요가 있다……."

간단히 말해 눈에 보이는 것이 존재자이고, 눈에 보이지 않는 것이 바로 존재라고 할 수 있다. 고요가 있다고 했을 때 그 '있다'는 것, 즉 존재의 의미는 한마디로 말할 수 없다. 존재는 눈에는 보이지 않지만 존재자를 규정하는 근원적인 지평이다.

소설에서 하이데거가 존재와 존재자를 설명하며 고흐의 구두 그림을 예로 든 것은 존재와 존재자의 차이를 잘 보여 주는 사례이다. 구두가 하나의 존재자라면, 그 구두의 존재는 무엇일까? 농촌 아낙네의 삶의 흔적, 이것이 바로 고흐의 구두 그림에 숨겨진 존재의 근원적인 모습이다.

• 현존재

그렇다면 존재에 대해 질문할 수 있는 존재자는 누구일까? 나무나 책상은 자신이 왜 사는지, 어떻게 살아야 하는지 묻지 않는다. 다시 말해 자신의 존재에 대해 질문을 던지지 않는다. 그것이 가능한 것은 인간밖에 없을 것이다.

하이데거는 물을 수 있는 존재 가능성을 가지고 존재 이해를 밝히는 주도적 위치에 있는 존재자인 인간을 현존재(Dasein)라고 말한다. 여기서 인간이 현존재라는 것은, 인간은 존재를 이해하는 유일한 존재자라는 의미이다. 이것이 사물과는 차별되는, 현존재만이 가지는 고유한 우월함이다.

• 실존

하이데거는 현존재(인간)를 이렇게 설명한다. 현존재는 존재 물음이라는 가능성을 가졌다는 점에서 다른 존재자와 다르다. 현존재는 연필, 공책 같은 인공물과 다르고 나무 같은 자연과도 같지 않다. 인공물이나 자연 같은 존재자는 자신의 존재를 이해하지 못하고, 존재에 대해 의문을 가지지도 않는다. 이에 반해 현존재는 자신의 존재에 대한 이해를 바탕으로 물음을 던진다.

또한 현존재는 의지와 상관없이 자신의 존재를 문제 삼도록 처해 있다. 여기서 '존재함 자체가 문제가 된다'는 것은 현존재의 삶이 다른 사물이나 동물처럼 고정되어 있거나 본능에 의해 규정되지 않고, 자신의 삶을 기획 투사(존재 가능을 향해 내던짐)하고 그에 따라 살아간다는 것을 뜻한다.

하이데거에 의하면 이러한 현존재의 본질이 곧 실존(Existentz)이다. 즉 '존재 물음의 가능성을 가진 현존재가 자기 자신의 존재 자체를 문제 삼는 삶의 태도'가 실존인 것이다. 일상에서 우리가 앞으로 삶을 어떻게 살아야 할지 고민하는 일이기도 하다.

자신의 고유한 삶을 찾아가는 현존재가 본래적 현존재라면, 이와 달리 비본래적 현존재는 자신의 고유성과 상관없이 세상 사람들의 삶의 방식을 좇아서 살아간다. 그러므로 현존재가 각자의 본래성을 잊어버리고 분주함, 흥분, 관심, 향락 등에 매몰될 때 비본래성이라고 규정할 수 있다.

• 세계-내-존재

현존재는 자기 혼자 고립되지 않고 세계 안에 존재한다. 이것이 바로 세계-내-존재이다.

이때 현존재가 세계 속에 있다는 것은 옷장 속에 옷이 들어 있는 것처럼 단순히 공간의 차원에서 '안'에 있음을 뜻하지 않는다. 옷장과 옷의 경우는 이 두 사물의 공간에서의 위치 관계를 나타낼 뿐이다. 옷이 없어져도 옷장은 그대로 있고, 또 옷장이 없다고 옷이 없어지는 것도 아니다. 이와 달리 현존재는 본래부터 '세계 속에 있다'는 방식으로만 존재한다. 따라서 세계 없이 현존재만 있다는 것은 불가능한 일이다.

또한 현존재는 단순히 관찰자의 입장에서 세계와 만나는 것이 아니다. 인간이 세계 속에 있다는 것은 어떤 것을 만든다든가, 무엇을 사용한다든가, 무언가를 잃어버린다든가, 어떤 것을 살펴본다든가 하는 식으로 세계와 관계 맺고 있다는 뜻이다.

• 비본래성

세계-내-존재인 현존재의 일상적인 모습은 퇴락이다. 퇴락은 곧 세상 사람들이 사는 양식이다. 세상 사람들은 호기심, 잡담, 애매성 속에서 살아간다. 하이데거는 이것이 현존재의 비본래성이라고 규정한다.

현존재인 인간은 '우선 대개는' 일상에 매몰되어 산다. 이러한 삶을 하이데거는 비본래적 실존이라고 부른다. 인간은 대개 사회적으로 승인된 방식이나 대다수의 여론에 따라 평균적인 삶을 단순히 수용하면서 그러한 틀 안에서 살아간다.

• 기획 투사

현존재가 비본래적 일상에서 벗어나 자신의 삶을 초월하는 것은 결단이 아니라 불안이라는 근본적인 기분을 통해 일어난다. 불안 속에서 현존재는 이제까지 자신과 친숙했던 세계와 자기 자신의 의미를 상실한다. 이때 현존재는 섬뜩함을 느낀다. 여기서 섬뜩함은 '집 없음, 바탕 없음, 지반 없음'을 뜻하는 것이다.

불안에 맞닥뜨리면서 인간은 자신의 고유한 존재 앞에 서게 된다. 즉 하나의 현존재로서 가장 고유한 삶을 살아가는 존재, 기획 투사하는 존재로 자신을 열어 밝힌다. 이렇게 존재 가능을 향해 새롭게 자신을 내던지는 것을 기획 투사라고 한다. 인간은 불안을 통해 존재자 전체를 초월하여 본래적인 존재를 찾게 된다.

● 1889

독일 슈바르츠발트에 있는 작은 마을 메스키르히에서 태어났다. 메스키르히 초등학교에 다녔는데 공부를 잘해 영주의 장학금을 받았다. 수영, 철봉, 축구, 스키 등 스포츠를 즐겼다.

● 1903

콘스탄츠 김나지움(후에 슐라게터 김나지움으로 개칭)에 입학했다. 이 무렵 처음 철학을 접했으며 엄격한 그리스어 교육을 받았다.

● 1906

프라이부르크의 베르톨트 김나지움으로 전학했다.

● 1907

브렌타노의 학위 논문 〈아리스토텔레스에 따른 존재자의 다양한 의미에 관하여〉(1862)를 선물 받고 존재 문제를 접하게 되었다. 이때 '존재란 무엇인가?'라는 질문에 대해 숙고하였다.

● 1909

김나지움을 마친 후 프라이부르크 대학에 진학해 신학을 공부했다. 진학할 때의
조건에 따라 예수회에 가입했다. 신학 수업을 들으면서 철학 수업도 청강했는데,
이때 후설의 《논리 연구》를 빌려 읽고 완전히 압도당했다.

● 1911

심장병으로 학업을 중단하고 고향 메스키르히에서 요양했다. 신학 공부를
포기하고 철학 쪽으로 방향을 돌렸다. 겨울 학기부터 정식으로 철학부에
등록하였고, 신칸트학파의 거장 리케르트가 지도 교수가 되었다.

● 1912

〈현대 철학에서의 실재성 문제〉, 〈논리학에 관한 최근의 발표〉를 잡지에
발표했다.

● 1913

〈심리주의의 판단론〉을 학위 논문으로 제출하여 통과되었다. 이 논문에서
논리의 원천이 심리 안에 있다고 보는 심리주의를 신칸트주의의 입장에서
비판했다.

● 1914

제1차 세계대전이 발발했다. 지원병으로 등록했으나 심장 발작으로 면제되었다.

● 1915

프라이부르크 대학에서 교수 자격 논문 〈둔스 스코투스의 범주론과 의미론〉이
통과되었다. 겨울 학기부터 강의를 시작했다. 첫 강의는 '소크라테스 이전
철학자에 관하여: 파르메니데스'였다. 하이델베르크 대학으로 옮겼고, 민방위
군에 동원돼 전시 업무와 강의를 병행했다.

1917

엘프리데 페트리와 결혼했다.

1919

후설 밑에서 조교로 일했다. 이로써 후설과의 인연이 시작되었다. 자신의 강의에 현상학이라는 명칭을 내걸고 현상학을 탐구하기 시작했다. 아들 외르크 하이데거가 출생했다.

1920

야스퍼스와 알게 되면서 우정을 이어 나갔다. 아들 헤르만 하이데거가 태어났다.

1922

토트나우베르크에 산장 연구실을 지었다. 이 산장이 후에 《존재와 시간》을 비롯한 수많은 사유의 산실이 되었다. 《존재론: 현사실성의 해석학》을 집필했다.

1923

마르부르크 대학으로 초빙되었다. 이 대학에서 현존재의 현상학을 전파했다. '사상의 왕국의 숨은 제왕', '메스키르히에서 온 작은 마법사'로 평가받으며 수많은 학생이 강의를 듣기 위해 몰려들였다.

1927

《존재와 시간》을 출간했다. 이 책에서 '현존재의 실존론적 분석론'을 기초 존재론으로 수행해 나갔다. 그러나 애초의 계획을 완수하지 못한 채 미완으로 남았다. 후설 후임으로 프라이부르크 대학 정교수로 임명되었다. 《칸트와 형이상학의 문제》를 출간했다.

'형이상학이란 무엇인가?'를 강연했다.

프라이부르크 대학 총장에 취임했다. 당시 나치스가 제1당이 된 상황에서 당을
위한 활동을 일절 하지 않는다는 조건으로 입당을 약속했다. 대학의 이익을 위한
결정이었다. 총장 취임 강연으로 '독일 대학의 자기주장'을 발표했다.

대학 인사에 개입하려는 당의 압력에 불복하며 총장직을 사임했다. 겨울 학기
강의는 '횔덜린의 찬가 '게르마니엔'과 '라인 강''이었다.

'형이상학 입문'을 강의했다. 프라이부르크 예술 협회에서 '예술 작품의 근원'을
강연했다. 이때부터 예술과 자연을 사유의 주제로 숙고하였다.

《플라톤의 진리론》을 출간했다.

《숲길》을 출간했다.

독일의 대표적인 주간지 〈슈피겔〉과 대담을 했다. '아직도 신만이 우리를
구원할 수 있다'는 제목의 이 대담에서 1933년 사건의 경위와 후설과의 관계를
해명했다.

전집 출판을 결심하고, 폰 헤르만을 책임 편집자로 지명했다.

전집을 출판했다. 전집은 부인 엘프리데에게 바쳤다.

프라이부르크의 사택에서 부인이 아침상을 준비하는 동안 심장 마비로 세상을 떠났다. 87세의 나이였다. "감사한다"는 말이 마지막 말이었다. 메스키르히 사망 공원묘지에 안장되었다.

1. 하이데거는 근대 철학자 데카르트의 주체적 사고에서 어떤 점이 문제라고

   생각했을까요? 2장, 부록 참고

2. '존재'와 '존재자'의 차이는 무엇일까요? 2장, 4장 참고

3. 하이데거가 말한 '실존하는 삶'은 어떤 삶인가요? 나는 실존하는 삶을 살고

있나요? 5장 참고

4. 비본래적 삶이 어떤 삶인지 생각해 봅시다. 5장 참고

5. 인간은 왜 불안할까요? 불안이라는 감정이 우리에게 왜 중요한지도 생각해

봅시다. 6장 참고

6. 하이데거의 철학에서 '세계-내-존재'는 무엇을 의미할까요? 6장, 부록 참고

7. 하이데거는 인간을 '현존재'라고 부릅니다. 현존재란 어떤 의미일까요? 5장 참고

8. 하이데거가 만들어 낸 단어인 '기획 투사'는 무슨 뜻일까요? 부록 참고

* 읽고 풀기의 PDF는 blog.naver.com/totobook9에서

다운로드 받을 수 있습니다.

1. 데카르트가 말한 "나는 생각한다. 그러므로 나는 존재한다"에서 생각하는 '나'는

   주체로서의 '나'입니다. 그런데 주체가 된 '나'는 나를 제외한 모든 것을 지각하거나

   이론적으로 파악할 수 있는 대상으로 규정하지요. 그렇다면 인간은 언제든 대상을

   이론적으로 파악하고 지배하려 할 거예요. 이것이 노골적으로 드러난 것이 현대

   문명입니다. 하이데거는 현대 문명의 주체적 사고에 의해 자연이 강요당한다고

   말합니다. 인간과 함께 살아가는 공동체로서의 자연이 아니라, 석탄과 광물의

   저장고로서 자연을 이용하는 태도 말이지요. 이런 이기적인 태도가 주체적 사고의

   문제점이라고 할 수 있습니다.

2. 존재자는 감각이나 이성을 통해 규정할 수 있습니다. "이것은 펜이다.", "이것은

   노란색이다."라고 말한다면 이는 존재자를 규정한 거지요. 이때 존재자는 눈에

   보이지만 존재는 보이지 않습니다. 물론 귀로 들리지도 않고, 손으로 만질 수도

   없어요. 그러나 존재는 겉으로 분명히 드러나지는 않더라도 근원적인 것입니다.

   존재자의 뒤에서 존재자를 규정하고 이해하는 하나의 지평이랍니다.

   예를 들어 고흐의 구두 그림에는 단순히 발을 보호해 주는 도구인 구두(존재자)만

   나타나는 것은 아닙니다. 그 닳아 빠진 구두에는 힘든 노동을 하는 아낙네의 삶이

그대로 묻어나지요. 그러므로 단순한 구두가 아니라 누군가의 삶을 보여 주는,

하나의 세계를 열어 보이는 구두인 거예요. 농촌 아낙네의 삶의 흔적, 이것이 바로

고흐의 구두 그림에 숨겨진 존재의 근원적인 모습입니다.

3. 하이데거는 여러 존재자 중 물음을 던지는 존재자인 인간을 현존재라고 합니다.

이 현존재는 자신의 존재를 문제 삼도록 처해 있어요. 여기서 '존재함 자체가

문제가 된다'는 것은 현존재의 삶이 다른 사물이나 동물처럼 고정되어 있거나

본능에 의해 규정되지 않고, 자신의 삶을 기획 투사(존재 가능을 향해 내던짐)하고

그에 따라 살아간다는 것을 뜻합니다. 하이데거에 의하면 이러한 현존재의 본질이

곧 실존입니다. '존재 물음의 가능성을 가진 현존재가 자기 자신의 존재 자체를

문제 삼는 삶의 태도'가 곧 실존이지요. 일상에서 우리가 삶을 어떻게 살아야 할지

고민하는 것이 곧 실존하는 삶이라고 할 수 있습니다.

4. 자신의 고유한 삶을 찾아가는 현존재가 본래적 현존재라면, 이와 달리

비본래적 현존재는 자신의 고유성과 상관없이 세상 사람들의 삶의 방식을

좇아서 살아갑니다. 현존재가 각자의 본래성을 망각하고 호기심, 잡담, 애매성

등에 매몰될 때 비본래성이라고 규정할 수 있지요. 비본래적 삶이란 사회의

규범이나 가치, 유행에 비판 없이 순응하는 삶과 같습니다. 예를 들어 연예인에 열광한다거나 아무런 목적 없이 공부하는 것, 사람들이 좋다고 하는 것을 무조건 따라 하는 것이 여기에 해당할 거예요.

5. 인간은 태어나자마자 죽음으로 향해 가는 존재인 한 불안을 떨쳐 버릴 수 없습니다. 불안은 평소에는 의식되지 않지만 우리 의식의 밑바닥에 항상 숨어 있지요. 언젠가는 죽는 존재인 인간이 무슨 이유로 이 세상에 던져졌는지는 아무도 모른다는 게 불안의 이유입니다. 불안이라는 기분은 죽음 앞에서 우리가 집착해 온 모든 것이 무의미하다는 것을 드러내면서 우리를 고통스럽게 하기도 합니다. 하지만 불안을 통해 그동안 집착해 온 가치들이 얼마나 무의미한지 깨닫지요. 이렇게 유일무이하고 충만한 존재로 거듭날 수 있다는 점에서 불안은 중요한 감정이랍니다. 불안이라는 감정을 통해 비본래적 삶에서 벗어나 본래적 삶으로 향하게 되니까요.

6. 현존재는 자기 혼자 고립되지 않고 세계 안에 존재합니다. 이때 현존재가 세계 속에 있다는 것은 옷장 속에 옷이 들어 있는 것처럼 단순히 공간의 차원에서 안에 있음을 뜻하지 않아요. 옷장과 옷의 경우는 이 두 사물의 공간에서의

위치 관계를 나타낼 뿐입니다. 옷이 없어져도 옷장은 그대로 있고, 또 옷장이 없다고 옷이 없어지는 것도 아니지요. 이와 달리 현존재는 본래부터 '세계 속에 있다'는 방식으로만 존재합니다. 따라서 세계 없이 현존재만 있다는 것은 불가능한 일이지요. 또한 현존재는 단순히 관찰자의 입장에서 세계와 만나는 것이 아니에요. 인간이 세계 속에 있다는 것은 어떤 것을 만든다든가, 무엇을 사용한다든가, 무언가를 잃어버린다든가, 어떤 것을 살펴본다든가 하는 식으로 세계와 관계 맺고 있다는 뜻입니다.

7. 하이데거는 존재에 대해 질문을 던질 수 있는 유일한 존재자는 인간이라고 생각했습니다. 그래서 물을 수 있는 존재 가능성을 가지고 존재 이해를 밝히는 주도적 위치에 있는 존재자인 인간을 현존재라고 말합니다. 인간이 현존재라는 것은, 인간은 존재를 이해하는 유일한 존재자라는 의미이지요. 이것이 사물과 차별되는, 현존재만이 가지는 고유한 우월함입니다. 현존재는 존재 물음이라는 가능성을 가졌다는 점에서 다른 존재자와 다릅니다. 연필, 공책 같은 인공물과 다르고 자연과도 같지 않습니다. 인공물이나 자연과 같은 존재자는 자신의 존재를 이해하지 못하고 존재에 대해 의문을 가지지도 않는 데 반해, 현존재는 자신의

존재에 대한 이해를 바탕으로 물음을 던집니다.

8. 인간은 세계 속에 내던져진 존재입니다. 자신의 의지와 상관없이 던져진 존재인

거지요. 일상을 사는 인간은 '나는 왜 살지?', '어차피 죽는데 이렇게 사는 게 무슨

의미가 있지?'와 같은 불안을 통해 자신이 내던져졌음을 자각합니다. 불안에

맞닥뜨리면서 인간은 자신의 고유한 존재 앞에 서게 됩니다. 하나의 현존재로서

가장 고유한 삶을 살아가는 존재, 기획 투사하는 존재로 자신을 열어 밝히지요.

이렇게 존재 가능을 향해 새롭게 자신을 내던지는 것을 기획 투사라고 합니다.